참깨교실

멘토와 함께하는 신혼부부학교

참깨 교실

김명진 · 조성희 지음

서문

　교회와 가정은 하나님께서 직접 세우신 공동체입니다. 즉, 교회만큼이나 가정 역시 너무나도 중요한 신앙의 공동체입니다. 그러나 안타깝게도 오늘날 많은 가정이 무너져 있는 것을 봅니다. 성격의 차이, 가치관의 차이, 재정의 문제, 중독의 문제, 성의 문제 등 다양한 문제로 깨어진 가정이 너무도 많습니다.

　그러나 하나님께서는 분명하게 말씀하십니다. "너희는 이 세대를 본받지 말고 오직 마음을 새롭게 함으로 변화를 받아 하나님의 선하시고 기뻐하시고 온전하신 뜻이 무엇인지 분별하도록 하라"(롬 12:2). 제아무리 세상의 풍조가 결혼과 가정을 가볍게 여긴다 해도 하나님의 사람은 이 세대를 본받아선 안 됩니다. 하나님께서 세우신 가정 공동체를 귀히 여기며 또한 힘써 지켜야 합니다.

　하나님의 뜻을 따라 산다는 것은 결코 쉽지 않습니다. 교회 공동체가 처음 세워진 초대교회 때도 교회 안팎에 수많은 공격이 있었습니다. 밖으로는 유대인과 로마의 박해가 있었고, 내부적으로는 성도 간의 갈등과 반목이 있었습니다. 가정 공동체가 처음 시작된 아담과 하와 때에도 사탄의 유혹과 방해가 있었습니다. 모든 것이 풍족한 에덴동산에서조차 사탄의 공격을 피할 수 없었습니다. 이렇듯 사탄은 우리의 연약한 틈을 공격합니다. 하나님이 세우신 공동체를 무너뜨리고

자 동분서주합니다. 그렇기에 우리는 결코 사탄에게 틈을 내주어선 안 됩니다.

하나님은 하나님의 공동체를 잘 이끌어 갈 수 있도록 동역자들을 붙여 주십니다. 초대교회에는 함께 동역할 일곱 집사를 세우셨습니다. 디모데에게는 바울이라는 영적 아버지를, 여호수아에게는 모세라는 영적 스승을 허락하셨습니다. 그리고 무엇보다도 하나님께서 직접 그들을 가르치고 인도해 가셨습니다. 마찬가지로 『참깨교실』이 새로운 가정 공동체를 이끌어 가게 될 신혼부부들에게 좋은 동역자가 되길 소망합니다.

하나님은 가정이라는 소중한 공동체를 결코 여러분 혼자 짊어지도록 내버려 두지 않으셨습니다. 『참깨교실』은 여러분이 가정에서 하나님의 공동체로서 풍성함을 누릴 수 있도록 도와줄 것입니다. 그러기 위해 말씀과 신앙으로 교육받는 것을 결코 소홀히 여기지 마십시오. 성경에 등장하는 수많은 믿음의 선진도 하나님 앞에 훈련받는 시간이 있었습니다. 이스라엘은 광야에서 하나님을 배웠고 또한 광야에서 하나님과 함께함을 누렸습니다.

여러분이 세우게 될 가정이라는 공동체 역시 하나님이 허락하신 공동체입니다. 무엇보다도 하나님께서 직접 주인이 되어 주실 것입니다. 이 책을 통해 교육받고 훈련받을 모든 신혼부부가 혼란한 세상 속에 하나님을 드러내는 가정을 이루시길 축복합니다. 그리스도를 본받아 하나님의 아름다움을 누리는 복된 가정이 되시기를 간절히 소망합니다.

오륜교회 담임목사 김은호

추천사

면허증이 있어야만 자격이 주어지는 게 있다.

결혼 생활에도 결혼면허증이 있어야 한다. 그런데 무면허 결혼을 하고 무면허 남편과 아내, 무면허 부모로 살아가니 문제다. 긴 시간에 걸쳐 공부를 하고 석박사가 되어도 부부생활에 대하여 배워 본 일이 없다.

가정사역자인 나도 좀 더 일찍 결혼의 원리를 알았더라면 좀 더 멋있는 남편, 보다 훌륭한 아빠가 될 수 있었을 텐데 하는 아쉬움과 통한에 가슴이 아프다.

행복해야 할 결혼 생활이 행복하지 못하고 힘든 이유는 서로를 위한 대화와 행동에 미숙하고, 서툴기 때문이다. 결혼 예비학교나 신혼학교를 거친 사람과 그렇지 못한 가정은 판이할 수밖에 없다.

저자는 오랫동안 수많은 신혼 가정을 바로 세우는 일을 해 왔다. 이 책은 신혼 교육을 오랫동안 수행해 오면서 체득한 경륜과 지혜와 원리를 담은 최고의 결혼 지침서이다.

이 책은 행복한 결혼 생활을 위하여 모든 가정에 꼭 비치하고 배우고. 훈련받아야 할 최고의 교재이고 지침서이다. 특별히 신혼부부들에게는 필독서이다. 결혼하는 사람들에게도 이보다 더 좋은 선물은 없다.

사랑이나 행복도 배우고 훈련해야 한다. 결혼은 서로 다른 사람이 조화를 이루어 가는 종합예술이다. 누구나 1등을 할 수 없지만 누구나 행복하게 살 수 있다. 그 처방전이 이 책 속에 풍성히 담겨 있다.

이 책을 읽고 배우는 모든 사람에게 지혜와 인사이트(Insight)가 더해질 것이고 행복한 가정을 이룩할 것을 확신하기에 강력하게 추천한다.

(사)가정문화원 이사장 두상달

프 롤 로 그

하나님께서는 인류 최초의 공동체로 가정을 만드셨습니다. 가정을 위해 결혼이라는 제도를 제정하셨으며 결혼에 대해 크고 은밀한 계획들을 세우셨습니다. 또한, 부부가 사랑 안에서 서로 존경하고 헌신함을 통해 그리스도와 교회의 관계를 체득하게 하셨습니다. 이것은 하나님께서 세우신 결혼의 원리 속에서 가정을 가꾸어 갈 때 경험할 수 있는 놀랍고 거룩한 체험입니다. 하지만, 오늘날 가정과 결혼의 의미는 본래의 가치와는 판이하게 왜곡되고 손상되어 있습니다. 사회가 변하고 가치관이 달라져도 인간의 마음 깊은 곳에는 '가정'의 울타리 안에서 보호받고 사랑하며 살고 싶은 근원적 욕구가 있습니다. 하나님께서 인간을 그렇게 창조하셨기 때문입니다. 많은 신혼부부가 건강하고 행복한 가정을 꿈꾸지만, 그 꿈을 실현하기 위해서 훈련과 교육이 필요하다는 사실을 간과해 버리곤 합니다.

결혼은 삶의 배경과 생활 습관, 생각의 틀 등이 판이한 두 인격체의 연합입니다. 두 인격체가 만나 가정의 기초를 세워 가는 과정에서 갈등과 어려움은 필연적으로 찾아옵니다. 어려움에 당면하면, 각자 자신의 경험을 토대로 갈등을 해결하려 노력합니다. 유의할 것은, 서로의 경험과 생각, 해결 방향이 다른 경우가 많다는 것입니다. 그때 자신의 주장만을 강요하다 보면 갈등의 골이 더욱 깊어지기도 합니다. 갈등을 어떻게 바라보고 다루어야 하는지 알고 실천하는 것은 매우 중요한 과제입니다. 결혼 생활의 방향과 기준은 성경 속에 온전히 들어 있습니다. 참깨교실은 누구나 당면하는 어려움에 대한 해답을 말씀 속에서 찾아, 함께 배우고 나누며 실천하도록 돕기 위해 만들어졌습니다.

참깨교실은 다음 세 가지의 목표를 가지고 운영합니다.

첫째, 믿음 안에서 건강하고 행복한 가정을 세우기 위한 기초를 쌓습니다. 교육을 통해 신혼부부가 어려운 과제들을 지혜롭게 극복해 가고, 믿음 안에서 건강하고 행복하게 성장해 가도록 인도합니다.

둘째, 믿음 안에서 서로 격려하며 위로하는 건강한 신혼부부 공동체를 세웁니다. 이 일을 위해 참깨교실은 6주간의 정규 과정이 끝난 후 소그룹 모임을 갖습니다. 소그룹 안에 거하시는 성령의 이끄심을 통해 교제하며 기쁨을 누리고, 공동체의 중요성을 경험하게 됩니다.

셋째, 미래의 가정 사역자를 배출하는 플랫폼이 되고자 합니다. 가정이 무너져 가는 오늘날, 가정 사역은 시대적 사명입니다.

참깨교실은 교회와 사회 그리고 국가를 이루는 최소 단위인 가정을 건강하게 지키고, '생육하고 번성하라'는 하나님의 선한 말씀의 성취를 위해 헌신합니다. 이 여정에 함께하는 여러분을 사랑하고 축복합니다.

참깨교실 팀장 김명진

차 례

서문 ○ 4
추천사 ○ 6
프롤로그 ○ 8

1 대화와 배려의 지혜

1. 결혼 생활의 기초 ○ 15
2. 대화의 지혜 ○ 18
3. 배려의 지혜 ○ 27
Growing Up ○ 31
Check Up : 대화 방식 질문지 ○ 32

2 부부 진단 및 해석

1. Prepare_Enrich 개요 ○ 37
2. 커플 상태에 대한 핵심 척도 ○ 39
3. 부부 관계의 네 가지 역동 ○ 48
4. 개인 스트레스 파일 ○ 50
5. 커플 & 가족 척도 ○ 51
Growing Up ○ 54
Check Up : 부부 친밀성 & 유연성 Quiz ○ 55

3 예비 부모의 지혜

1. 성경적 부모 준비 ○ 61
2. 성경적 부모 되기 ○ 71
Growing Up ○ 83
Check Up : 자녀 DISC 진단 ○ 84

4 재정 관리의 지혜

1. 성경적 재정 원칙과 교훈 ◦ 91
2. 성경적인 삶의 모습 ◦ 99
3. 재정의 연합 ◦ 104
4. 헌금 ◦ 107
Growing Up ◦ 110
Check Up : 돈의 의미 ◦ 111

5 친밀한 성의 지혜

1. 성경적인 친밀한 성생활 ◦ 117
2. 배려하는 부부의 성생활 ◦ 124
Growing Up ◦ 133
Check Up : 친밀감과 만족도의 관계 ◦ 134

6 시가와 처가 관계의 지혜

1. 부모를 떠나 ◦ 137
2. 팀워크와 부부 리더십 ◦ 144
3. 부모를 공경하라 ◦ 148
Growing Up ◦ 152
Check Up : 가족 생활 진단 ◦ 153

소그룹 모임 가이드 ◦ 156
에필로그 ◦ 174

1

대화와 배려의 지혜

"내 사랑하는 형제들아 너희가 알지니
사람마다 듣기는 속히 하고 말하기는 더디 하며 성내기도 더디 하라
사람이 성내는 것이 하나님의 의를 이루지 못함이라"

야고보서 1:19-20

한국인 메이저리거 타자 중 가장 성공한 것으로 평가받는 추신수 선수가 메이저리그 진출 초기에 슬럼프에 빠진 적이 있었다. 그때 아내 하원미 씨가 이런 말을 했다.

"당신은 마이너리그 생활을 오래 했기 때문에 기초가 튼튼한 사람이에요. 기초가 튼튼한 사람은 절대 무너지지 않아요." 이 말을 들은 추신수 선수는 심기일전하여 올스타전까지 선발되는 맹활약을 보였다. 아마 하원미 씨가 "당신은 잘할 수 있을 거예요. 힘내세요" 정도의 격려를 했다면 이처럼 강력한 마법은 나타나지 않았을 것이다. 아내가 열심히 노력했던 7년간의 마이너리그 시절을 떠올리도록 독려해 주자, 추신수 선수는 자신감을 얻고 힘을 낼 수 있었다.

결혼 생활을 시작하며 발생하는 어려움은 대부분 대화 부족이나, 잘못된 대화 방법으로 인해 생겨납니다. 바꿔 말하면, 대화를 잘하면 대부분의 어려움을 보다 쉽게 해결할 수 있습니다. 신혼 초에는 남녀의 차이, 가치관 차이, 각자가 기대했던 결혼관의 차이 등 다양한 차이가 있다는 것을 잘 모르기 때문에 당황하곤 합니다. 부부는 서로에게 판사가 되려 해서는 안 됩니다. 부부는 서로의 변호사가 되어 주어야 합니다. 두 사람이 하나의 공동체, 한 몸이 되었기 때문입니다. 첫 단원 '대화와 배려의 지혜'에서는 서로의 차이를 이해하고 차이를 좁히는 방법을 배웁니다.

1. 결혼 생활의 기초

결혼 생활은 이전의 어떤 변화와도 비교할 수 없는 신비한 삶의 시작입니다. 하나님께서 인간을 창조하시고 가장 먼저 세우신 공동체가 가정입니다. 하나님께서는 가정을 통해 참된 사랑을 배우게 하시며 하나님의 깊은 사랑을 경험하게 하십니다. 우리를 창조하신 하나님께서는 성경에 결혼 생활 매뉴얼을 남겨 주셨습니다. 결혼 생활의 기초를 성경적으로 알고 거룩한 가정을 잘 세워 갈 수 있도록 노력할 때 이 땅에서 천국을 경험하게 됩니다.

떠남과 연합의 원리

"이러므로 남자가 부모를 떠나 그의 아내와 합하여 둘이 한 몸을 이룰지로다"(창 2:24)

창세기 2장 24절의 말씀 속에는 성경적인 가정의 기본적인 구조를 만들기 위한 교훈이 담겨 있습니다. '떠나라! 합하라!' 두 동사를 통해 부부를 향한 하나님의 계획을 배울 수 있습니다.

결혼 전 남자와 여자는 부모님의 영향력 아래에서 양육을 받아 왔으나, 이제는 새로운 가정을 형성해 나가야 합니다. 하나님께서는 이를 위해 선제되어야 하는 명령으로 '떠남'을 말씀하셨습니다. 떠남의 목적은 '연합'입니다. 두 사람이 새로운 가정을 세우며 온전하게 연합하는 과정의 모형은 주님이 교회를 사랑하시는 모습과 교회가 주님을 섬기는 모습입니다. 주님의 계획은 그 가정의 연합을 통해 천국의 비밀을 깨닫게 하시려는 것입니다.

결혼의 목적

가정은 하나님께서 세우신 거룩한 공동체입니다. 하나님께서는 가정 속에 우리 삶의 목적을 두셨습니다.

1) 하나님을 영화롭게 하는 것 For the glory of God

"그런즉 너희가 먹든지 마시든지 무엇을 하든지 다 하나님의 영광을 위하여 하라"(고전 10:31)

_____

_____

2) 예수님을 더욱 알아 가는 것 For knowing of Jesus more

"그러므로 사람이 부모를 떠나 그의 아내와 합하여 그 둘이 한 육체가 될지니 이 비밀이 크도다 나는 그리스도와 교회에 대하여 말하노라"(엡 5:31~32)

_____

_____

3) 하나님 나라를 경험하는 것 For experiencing Kingdom of God

"이는 그들로 마음에 위안을 받고 사랑 안에서 연합하여 확실한 이해의 모든 풍성함과 하나님의 비밀인 그리스도를 깨닫게 하려 함이니 그 안에는 지혜와 지식의 모든 보화가 감추어져 있느니라"(골 2:2~3)

_____

_____

4) 생육하고 번성하는 것 For being fruitful & multiplying

"하나님이 자기 형상 곧 하나님의 형상대로 사람을 창조하시되 남자와 여자를 창조하시고 하나님이 그들에게 복을 주시며 하나님이 그들에게 이르시되 생육하고 번성하여 땅에 충만하라, 땅을 정복하라, 바다의 물고기와 하늘의 새와 땅에 움직이는 모든 생물을 다스리라 하시니라"(창 1:27~28)

_____

_____

결혼의 언약적 의미

결혼 서약은 하나님 앞에서, 엄숙하게 맺어진 언약적 동반자로서 생명이 다하는 날까지 서로가 서로에게 속하기로 합의하고 약속하는 것입니다.

사랑하기 때문에 혹은 사랑받으려고 결혼하는 것이 아니라,
_____ 결혼하는 것이다.

Contract VS. Covenant

결혼은 계약일까요, 언약일까요? 물론 언약입니다. 그러나 많은 사람이 계약하듯이 조건을 따라 결혼하며, 조건이 성사되지 않으면 결혼 생활을 지속할 이유가 없다고 생각합니다.

_____

_____

2. 대화의 지혜

> "선한 사람은 마음에 쌓은 선에서 선을 내고 악한 자는 그 쌓은 악에서 악을 내나니 이는 마음에 가득한 것을 입으로 말함이니라"(눅 6:45)

결혼은 서로 다른 문명이 만나, 새로운 문명을 만들어 내는 일입니다. 한 결혼정보회사에서 조사한 바에 의하면 부부의 하루 평균 대화 시간이 1시간 31분이라고 합니다. 부부간 대화 주제는 '자녀, 친지' 등 가족에 관한 것이 53%이었고 그 외에 '가계'(12.8%), '직장 관련'(12.1%), '문화 콘텐츠'(6.4%), '사회 이슈'(5.7%) 등이 뒤를 이었습니다. 두 사람의 친밀과 개인의 정서를 나누는 시간은 미약한 것으로 나타났습니다.

대화는 말하기와 듣기입니다. 성경에서는 말하기에 대해 뭐라고 말하고 있을까요?

차이로 인해 발생하는 갈등

여자는 주로 _____ 을 얻고 나누기 위해 대화하고,
남자는 주로 _____ 을 얻고 나누기 위해 대화한다.

두 사람이 연합하기 위해서 반드시 넘어야 할 산들이 있습니다. 그중 하나가 '갈등'입니다. 갈등은 칡나무 '갈'(葛) 자와 등나무 '등'(藤) 자로 이루어진 단어입니다. 결혼은 서로 다른 환경에서 성장하여 서로 다른 가치관을 가진 두 사람이 만나는 위대하면서도 복잡한 사건입니다. 가치관뿐만이 아닙니다. '남성'과 '여성'이라는 본질적인 다름을 갖고 있습니다. 당연히 복잡한 갈등과 사안이 생깁니다. 이것은 누구나 겪는 일입니다. 혹시 칡뿌리를 캐 본 적이 있습니까? 칡나무는 뿌리가 아주 심하게 꼬여 있습니다. 칡나무의

뿌리는 반대 방향을 향하여 자라난다고 합니다. 자라면서 점점 얽히고설켜 아주 복잡한 관계가 되지요. 풀기 불가능해 보이는 양상입니다. 그래서 갈등은 미연에 방지하지 않으면, 꼬이고 꼬여서 도려내야만 하는 상황이 됩니다.

문제 있는 부부 대화 유형[1]

"사람이 성내는 것이 하나님의 의를 이루지 못함이라"(약 1:20)

1) 자존심 긁기형
기혼 여성을 대상으로 '남편에게 들었던 최악의 말이 뭡니까?'라는 질문을 했더니, '바보' 혹은 '멍청이'라는 응답이 가장 많이 나왔습니다. 무려 50% 이상이 그렇게 응답했습니다. 장난으로라도 자존심을 상하게 하는 말을 하고 있다면 끊어 내십시오.

2) 레코드판형
과거에 서운했던 일을 말하고 또 말하는 레코드판형입니다. 감성적인 성향의 사람은 과거에 느꼈던 감정을 잘 기억하는 성향이 있습니다. 특히, 부정적인 감정은 돌에 새긴 것처럼 깊이 남습니다.

3) 극단적 대화형
대화 중 '항상', '절대로'와 같은 이런 단어를 자주 쓰는 유형이 있습니다. "당신은 항상 그래", "맨날 왜 그래?" 이처럼 극단적인 표현은 위험합니다. '원래 그렇다'는 식의 사고방식은 반성할 의지와 여지를 아예 잘라 버리기 때문입니다.

---

[1] 성신여대 건강심리연구소 채규만 교수

4) 전지형 대화

"내가 다 알아", "차라리 귀신을 속여라", "내 그럴 줄 알았어" 등 전지형 대화의 유형도 많습니다. 이처럼 상대의 감정을 추측하고 어림짐작하는 일은 상대의 기분을 상하게 해 엉뚱한 갈등까지 추가로 일으킵니다.

5) 무조건 비판형

"이거 왜 안 했어?", "내가 하라고 했지?"처럼 지적하는 말투를 가진 사람이 있습니다. 직업으로 인한 습관 때문인 경우도 많습니다. 무조건 비판하고, 지적하는 습관이 있다면 피해야 합니다.

6) 시선 회피형

부부간 대화가 필요한 상황에서 "나 바빠" 하며 나간다든지, TV나 스마트폰, 인터넷, 게임 등에 몰두하며 대화를 회피하는 경우가 있습니다. 갈등을 제때 해결하지 않으면 더 꼬이고 커집니다.

7) 책임 회피형

한 결혼식에 갔는데 주례자가 이런 말을 했습니다. "결혼해 보세요. 부부 싸움 할 수 있습니다. 싸우면서 성장하니 싸워야 합니다." 이어서 "싸움에도 원칙이 있어야 합니다. 절대로 피는 건드리지 마십시오, 피는 피를 부릅니다"라고 덧붙여 말했습니다. 싸울 때 집안 내력을 들먹이지 말라는 겁니다. 부부싸움에 원가족을 끌어들이지 마십시오.

8) 액션형

말보다 행동이 앞서는 유형입니다. 화를 행동으로 표현하면 서로 상처받으며 가족 사이에서 권위가 바닥으로 떨어집니다. 부부의 신뢰가 사라지고 악한 감정과 상처만 남습니다.

9) 인신공격형

용모, 출신, 학벌, 경제력 등을 공격하는 유형입니다. 비교는 분노를 부릅니다. 비교하는 순간 불행은 눈덩이처럼 커집니다.

Q 나는 주로 어떤 유형의 대화를 합니까?

말하기 훈련

"우리가 다 실수가 많으니 만일 말에 실수가 없는 자라면 곧 온전한 사람이라 능히 온 몸도 굴레 씌우리라"(약 3:2)

성경은 세 치 혀를 잘 다스리는 자가 온전한 사람이라고 이야기합니다. 그만큼 지혜로운 언행이 어렵다는 뜻입니다. 서로를 향한 생각과 말을 다스려야 진정한 연합이 이루어집니다. 마음에서 생각한 것이 말로 표현됩니다. 그리고 말로 표현된 것 때문에 우리의 태도와 행동이 결정됩니다. 태도와 행동이 쌓이면 우리의 습관이 되며, 습관이 쌓여 한 사람의 인격이 형성됩니다. 그 인격은 결국 그 사람의 인생을 결정합니다.

생각이 바뀌면 **행동**이 바뀌고

행동이 바뀌면 **습관**이 바뀌고

습관이 바뀌면 **인격**이 바뀌고

인격이 바뀌면 **인생**이 바뀐다.

- 윌리엄 제임스(William James)

> **참깨교실 약속**   부부간에 평생 지킬 약속을 합시다.
>
> 살아가면서 단 한 번도 하지 말아야 할 말, 그것을 다짐하는 것입니다.
>
> **NEVER SAY** "우리 그만 살자. 이혼해!"
>
> 이 말만은 평생 하지 않기로 약속하십시오. 말에는 힘이 있습니다.

"그들에게 이르기를 여호와의 말씀에 내 삶을 두고 맹세하노라 너희 말이 내 귀에 들린 대로 내가 너희에게 행하리니"(민 14:28)

하나님은 우리의 말을 듣고 계십니다. 하나님은 우리의 말을 듣고 행하십니다. 말에 힘이 있는 이유입니다. 감정적으로 격해져서 의미 없이 한 말이라도 상대의 마음에는 비수가 꽂힌다는 것을 기억해야 합니다. 때로는 암담한 상황에 부딪히기도 합니다. "이혼하고도 잘 사는 친구들이 있는데!" 하며 마음속에서 이혼을 합리화하는 경우도 생겨납니다. 그러나 우리의 미래는 하나님께 있습니다. 관계를 갈라놓고 가족에게 상처를 주는 이혼은 사탄의 일입니다. 이혼하고자 하는 마음은 사탄이 주는 영적인 싸움임을 기억하며 반드시 승리해야 합니다.

대화의 기술

1) 백 트레킹(Back Tracking)

백 트레킹(Back Tracking)은 배우자를 기쁘게 해 주는 대화 방법입니다. 어느 날 배우자가 이렇게 이야기를 했다고 가정합시다. "나 어제 대학로에서 영숙이 만났어!" 그러면 남편은 머릿속으로 재빨리 '어제', '영숙이', '대학로', 세 가지 단어를 얼른 캐치해야 합니다. 상대의 말을 뒤쫓아가는 게 백 트래킹 대화법입니다.[2]

"나 어제 대학로에서 영숙이 만났어."
"응, 그래?"

이렇게 반응하면 대화가 끊깁니다.

백 트레킹(Back Tracking) 대화

_____

_____

이렇게 배우자가 얘기한 내용에서 연결고리를 만들어, 대화의 디딤돌로 삼는 것이 백 트레킹 대화법입니다.

---

[2] 김지윤 소장(좋은연애연구소)의 '관계학 개론' 강의 중에서

2) 대화의 3F 파악

① F_____

② F_____

③ F_____

3) 남녀 대화 방식의 차이 이해하기

구분	남자	여자
유형	구체적	추상적
목적	문제 해결	동의 구함
방식	두괄식(결론 중시)	미괄식(과정 중시)
관심	일 중심	사람 중심

4) 아이 메시지(I-Message)

이야기할 때 상대방이 주어가 아니라 내가 주어가 되는 것이 아이 메시지(I-Message)입니다. 이것은 아주 설득력 있는 대화 기술입니다. 아이 메시지는 자기감정과 생각을 표현하는 기술이므로 상대방에 대한 비난이나 부정적인 표현을 자제하게 됩니다.

아이 메시지(I-Massage) 대화

5) 비언어적 메시지(공감 소통)로 표현하기

사람이 말할 때 말의 내용은 약 7% 정도 기억된다고 합니다. 반면, 눈에 보이는 시각적 메시지는 55%, 억양, 톤, 목소리 등의 청각적 메시지는 38%가 기억에 남습니다. 말의 내용보다는 어떤 태도, 어떤 어조로, 어떤 환경, 어떤 상황에서 얘기하느냐가 더 중요합니다.

3V(Verbal, Voice, Visual)가 일치하지 않으면,

사람들은 혼란을 일으키기 시작하며,

내용보다 시각적 요소를 더 믿게 됩니다.

- 앨버트 메라비언(Albert Mehrabian)

대화할 때는 표정과 말투와 내용을 일치시키는 것이 중요합니다. 그래야 정확한 의사소통을 할 수 있고 감동과 강한 설득력을 줄 수 있습니다.

듣기 훈련

"사연을 듣기 전에 대답하는 자는 미련하여 욕을 당하느니라"(잠 18:13)

제임스 셜리반이 쓴 『세상에서 가장 강한 힘 경청』이라는 책이 있습니다. 짧은 문구에서 강력한 메시지를 볼 수 있습니다. 경청에는 엄청난 힘이 있습니다. 입은 친구를 잃게 하지만, 귀는 친구를 얻게 합니다. 내 말을 들어 주는 사람, 내 이야기를 들어 주는 사람이 진실한 친구입니다. 부부간의 신뢰 역시 경청을 통해 형성됩니다.

1) 차이를 인정하라

남자와 여자의 뇌 구조에는 차이가 있습니다. 남자는 하루에 약 8,000~10,000개의 단어, 여자는 약 20,000~25,000개의 단어를 이야기해야 소통 욕구가 해결된다고 합니다. 남편은 아내의 이야기를 들어 줘야 합니다. 그것이 행복한 부부생활의 열쇠입니다. 말을 하지 않으셔도 됩니다. 추임새를 넣어 가며 들어 주기만 해도 됩니다. 그것만으로도 아내는 사랑을 느낍니다.

2) 헬퍼십(Helpership)을 발휘하라

아내와 남편은 한 팀이 되어 미완성을 완성으로 만들기 위해 달려야 합니다. 이때 필요한 것은 섬기는 마음을 발휘하는 '헬퍼십'입니다. 하나님은 "그 아내와 합하여 둘이 한 몸을 이룰지로다"라고 말씀하셨습니다. 이 말씀은 곧 각자 홀로 있을 때는 완전을 이룰

수 없는 미완성의 상태라는 뜻입니다.

3) 갈등 해결법을 배우라

갈등은 시간이 지난다고 해결되지 않습니다. 반드시 해결해야 합니다. 갈등을 제때 풀지 않으면 갈등 위에 오해가 쌓이고, 갈등 위에 쌓인 오해는 서로를 향해 부정적인 감정을 가지게 합니다. 그렇게 하루이틀 보내다 보면, 마음의 벽이 생기고 상처가 곪습니다. 갈등과 상처는 발견하는 즉시 치유하고 풀어야 합니다.

3. 배려의 지혜

배려하는 부부의 다섯 가지 대화 습관

1) 적절한 장소와 시간을 준비하라

배려하는 부부는 아무 때나, 아무 곳에서나 이야기하지 않습니다. 특히 갈등을 해소하는 장소를 정하고, 그곳에서만 갈등의 주제들을 다루기로 약속하면 갈등에 대해 경각

심을 갖게 됩니다.

2) 지나친 비판은 삼가라
지나친 비판을 자제합니다. 우리는 일반적으로 자신을 방어하기 위해 상대방의 비난거리를 끊임없이 찾아냅니다. "너도 이랬잖아", "너는 그때 그랬잖아"와 같은 말은 총칼을 내미는 것과 같습니다. 갈등의 강도는 더욱 심해질 수밖에 없습니다.

3) 칭찬으로 시작하라
지적과 요구는 대체로 부정적인 이야기인 경우가 많습니다. 행복 레시피는 칭찬 세 숟가락에, 요구사항 한 숟가락입니다.

4) 내가 먼저 섬기면 가정이 행복해진다
특별히 우리 남편들에게 강조합니다. 먼저 가정을 섬기십시오. 예수님이 먼저 교회를 사랑하신 것처럼 남편이 먼저 섬기십시오.

5) 바꿀 수 없는 것은 받아들여라
서로 성장한 환경이 다르고 성향의 차이가 있다는 것을 인정해야 합니다. 내가 쉽게 바뀌지 않는 것처럼 배우자도 자신을 쉽게 바꿀 수 없습니다. 서로 인정하고 받아들이며 서로에게 도움이 되기 위해 애쓰십시오.

배우자 칭찬하기
1.
2.
3.

4.
5.
6.
7.
8.
9.
10.

시간을 내서 배우자를 향한 칭찬의 메시지를 써 보십시오. 아주 작은 일이라도 열 가지를 채워 보게 하십시오. 서로에 대한 관심과 애정, 그리고 감사가 피어납니다.

배려하는 부부의 다섯 가지 사랑의 언어

성공적인 관계란 다른 사람의 행복에 관심을 갖는 것입니다. 다른 사람을 중심에 두는 태도를 바로 사랑이라고 부릅니다. 사랑한다면, 변화는 자연스럽게 시작됩니다.

① 인정하는 말 Words of Affirmation

② 함께하는 시간 Quality Time

③ 선물 Receiving Gifts

④ 봉사 Acts if Service

⑤ 스킨십 Physical Touch

- 게리 채프먼(Gary Chapman)

과제 인생 지도(A Map of Life) 작성하기

배우자와 서로를 더 깊이 알아 가기 위한 과제입니다. 자신의 과거와 현재, 미래의 모습을 그래프 위에 표현하면서 삶의 여정을 돌아보세요. 그리고 배우자가 자신을 이해하도록 이야기를 나눠 보세요.

인생 지도 그리기 3단계
1. 태어나서부터 현재, 그리고 미래에 대하여 자신의 상황이 긍정적으로 생각되면 수평선 위에 삶의 선을 표시하고 부정적이고 힘들었다고 생각되는 지점을 수평선 아래에 삶의 선을 표시하도록 합니다.
2. 그다음 연령대별로 표시한 삶의 선을 연결합니다.
3. 마지막으로 표시한 삶의 선과 관련하여 이야기를 나눕니다.

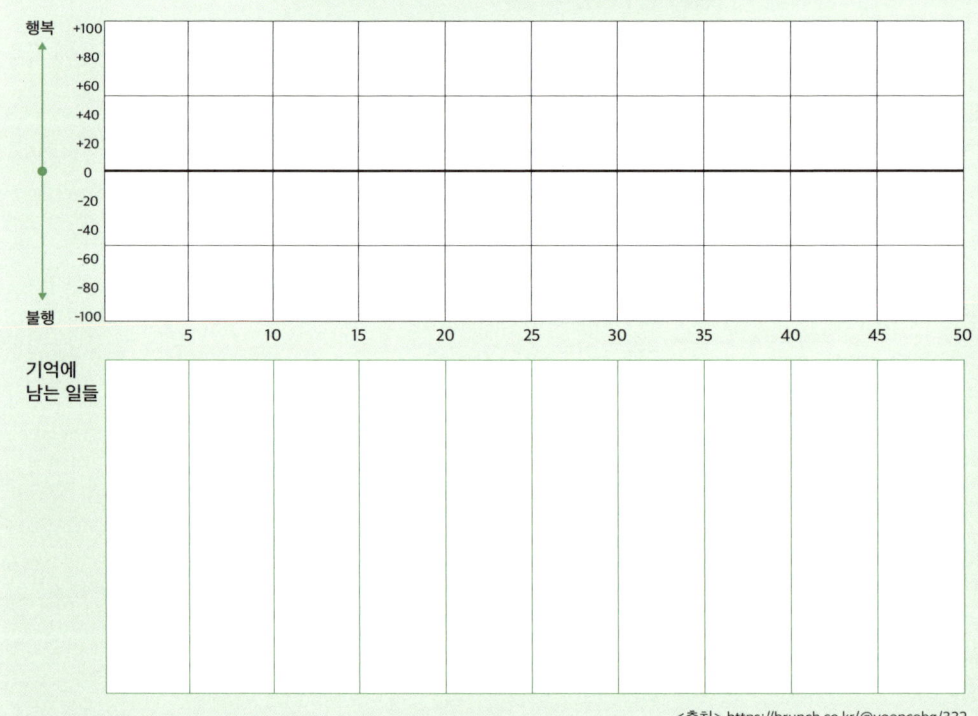

<출처> https://brunch.co.kr/@yooncohg/332

조별 나눔

어린 시절에 관해 이야기하는 것이 1주 차 과제입니다. 일주일 동안 서로의 어린 시절을 이야기해 보세요. 어디 살았는지, 어느 학교를 나왔는지, 어떤 친구를 만났는지 등 이런 일차적인 대화에서 한 걸음 나아가서 서로의 어린 시절의 꿈과 힘들었던 기억, 중요했던 사건 등을 중심으로 대화해 보세요. 수면 아래에 있는 서로의 빙산 조각들을 이해하는 기회가 될 것입니다.

1. 배우자의 출생지, 자란 곳, 배우자 부모님의 고향은?

2. 배우자의 출신 학교(초, 중, 고)는?

3. 배우자가 학창 시절에 가장 좋아했던 과목은?

4. 배우자의 어린 시절 꿈은?

5. 배우자의 신발과 허리 사이즈는?

6. 배우자가 가장 좋아하는 색은?

7. 배우자가 가장 받고 싶어 하는 선물은?

8. 배우자가 가장 가고 싶어 하는 여행지는?

9. 최근 배우자의 가장 큰 기도 제목은?

10. 둘이 처음으로 같이 봤던 영화 제목은?

간단하고 일상적인 내용 같지만, 나누다 보면 서로에 대해 모르는 부분이 많았음을 발견하게 됩니다. 대화의 내용과 나눔이 깊어지도록 적극적으로 참여해 주세요. 2주 차, 3주 차에는 더욱 진정성 있는 대화를 하게 될 것입니다. 대화는 관계의 깊이를 좌우합니다. 서로에 대해 더욱 많이 알아 갈 수 있도록 서로 권면해 주세요.

● 친밀감 UP ●

적용 1 아침에 집을 나서기 전, 배우자를 꼭 안아 주며 말하세요.
"당신과 결혼해서 정말 기뻐요/감사해요/행복해요/즐거워요."

적용 2 지난 한 달 동안 있었던 다툼의 이유는 무엇이었는지 써 보세요.
a.

b.

적용 3 나와 배우자 사이의 갈등을 유발하는 주원인이 무엇인지 써 보세요.
a.

b.

적용 4 나에게 부족한 상대방의 장점 두 가지를 써 보세요.

적용 5 배우자와 이야기할 때, 다음과 같은 두 가지 반응을 보여 주세요.
a. "아하", "네", "그런 일이 있었군요", "힘들었겠어요" 등

b. "그러니까 ○○거죠?", "그래서 ○○했겠네요" 등

부부간의 대화가 편안하신가요?
대화는 얼굴을 마주보고, 서로에게 귀를 기울이는 것입니다.
마주본다는 것은 하던 일을 멈추고 상대방에게 집중하는 것을 의미하지요.
그러나 얼굴을 마주보고 집중하는 것은 결코 쉬운 일이 아닙니다.
다음의 '대화 방식 질문지'를 체크해 보십시오. 각 영역별로 집계해 보면 함께 노력해야 할 영역이 어디인지 발견하고, 노력해야 할 방향을 찾게 됩니다.

대화 방식 질문지

체크는 1~5까지의 점수를 주는 방식입니다.

매우 그렇다 5, 그런 편이다 4, 보통이다 3, 그렇지 않은 편이다 2, 그렇지 않다 1로 표시해 주십시오.

영역	번호	내용	체크
개방적인 태도	1	배우자에게 나의 슬픔이나 어려운 일은 말하지 않는 편이다.	
	2	우리 부부의 차이점은 대화로 극복할 수 있는 문제가 아니다.	
	3	배우자는 나에 대해 선입견을 가지고 말을 한다.	
	4	부부는 대화가 없어도 서로 상대방의 마음을 알아야 한다.	
	5	부부는 대화가 많으면 당연히 갈등이 많아지게 된다.	
문제 해결력	6	배우자와 중요한 일을 의논할 때 미리 생각을 정리하여 이야기한다.	
	7	우리 부부는 문제 해결을 위해 여러 방안을 함께 생각해 본다.	
	8	문제 해결을 위한 방안들이 현실적으로 실천 가능한지를 배우자와 함께 의논한다.	
	9	대화를 통해 문제 해결을 할 때, 문제의 핵심에서 벗어나지 않으려고 노력한다.	
	10	성공적으로 문제 해결이 되지 않을 때, 배우자와 다시 해결책을 찾으려 노력한다.	
의사 표현	11	배우자의 기분을 상하지 않게 하면서 반대 의견을 말할 수 있다.	
	12	나는 배우자에게 나의 입장이나 생각을 솔직하고 정확하게 이야기한다.	
	13	배우자의 감정 상태를 고려하여 나의 의견을 완곡하게 표현한다.	
	14	배우자에게 나의 소망이나 기대 사항을 명확하게 표현한다.	
	15	나는 대화할 때 배우자에게 나의 생각, 판단, 의견을 구체적으로 표현해 준다.	
경청 태도	16	배우자가 나의 이야기를 조금만 듣고 곧바로 말하기 시작한다.	
	17	나는 배우자의 말을 끝까지 듣지 않아도 무슨 말을 할지 거의 다 알 수 있다.	
	18	배우자의 말을 끝까지 들어주면 부부간 대화가 끝이 없어질 것이다.	
	19	나는 배우자의 이야기를 들으면서 TV나 신문을 계속 보는 경향이 있다.	
	20	우리 부부는 서로의 말을 오해하는 경우가 많다.	
반응과 피드백	21	배우자가 나의 얘기를 충분히 하도록 '좀 더 이야기하라'고 격려한다.	
	22	나의 배우자는 나의 의견에 대해 항상 자신의 생각을 말해 준다.	
	23	배우자가 말을 잘 이해하지 못한 것 같을 때 질문하며 물어본다.	
	24	내가 질문하면 나의 배우자는 항상 진지하고 명확하게 답변해 준다.	
	25	나의 배우자는 내가 더 얘기할 수 있도록 충분한 시간을 준다.	

<출처> 신혼기 부부의 원가족 특성과 결혼 후 양가 부모와의 상호지지가 부부 적응에 미치는 영향(명지대 일반대학원 석사학위 논문, 2016, 김민희) 재구성

영역	점수	점수 범위	수준
개방적인 태도		5 ~ 10	우수
		11 ~ 17	보통
		18 이상	노력
문제 해결력		20 ~ 25	우수
		13 ~ 19	보통
		12 이하	노력
의사 표현		20 ~ 25	우수
		13 ~ 19	보통
		12 이하	노력
경청 태도		10 ~ 20	우수
		21 ~ 30	보통
		31 이상	노력
반응과 피드백		18 이상	우수
		11 ~ 17	보통
		5 ~ 10	노력

Q 내가 예상한 점수와 차이가 있나요? 나는 어느 부분을 더 노력해야 할까요?

2

부부 진단 및 해석[1]

"새 계명을 너희에게 주노니 서로 사랑하라
내가 너희를 사랑한 것 같이 너희도 서로 사랑하라"
요한복음 13:34

---

[1] Chapter 2의 본문 내용은
① 『커플 체크업』, David H. Olson · Amy Olson-Sigg · Peter J. Larson 공저, 김덕일 · 나희수 공역, 학지사(2011).
② Prepare_Enrich : customized version 상담자 Manual의 내용을 참고하여 재구성한 자료입니다.

저는 마흔이 넘어서 결혼했습니다. 고맙고 사랑스러운 아내이기에 정말 행복하게 해 주고 싶었습니다. 울지 않게 해 주고 싶었고, 싸우지 않고 싶었습니다. 결혼 초기에는 가능했습니다. 그러나 시간이 조금씩 흐르면서 힘들어지기 시작했습니다. 아내는 입을 꾹 닫은 채 뾰로통하기도 하고, 때로는 눈물을 흘리기도 했습니다. 답답해서 견딜 수 없을 때가 한두 번이 아니었습니다. 그럴 때 어떻게 해야 하는지 도무지 답을 찾을 수가 없었습니다. 그때 부모님의 모습을 떠올려 보았습니다. 아버지는 그런 어머니에게 화를 내셨습니다. 때로는 소리를 지르기도 하셨습니다. 그 기억이 떠올라 그러지 않기 위해 이를 악물었습니다. 그런데 언제부터인가 나에게서 아버지의 모습을 발견했습니다. 그토록 사랑하는 아내에게 소리를 지르고, 아내에게 상처를 주고 있었습니다. 어떻게 하면 좋을지 고민하던 중 'Prepare_Enrich 진단'을 했습니다. 결과를 통해 나와 아내의 원가족을 이해하게 되었습니다. 나의 결혼 생활, 생활 습관이 원가족과의 관계 속에서 형성되었음을 알 수 있었습니다. 아내도 마찬가지였습니다. 서로를 더 이해하고 노력할 것을 같이 다짐하였습니다. 그렇게 우리의 삶은 서로를 알아 가고 이해하고 도와주는 노력으로 성숙해 가고 있습니다. "새 계명을 너희에게 주노니 서로 사랑하라 내가 너희를 사랑한 것 같이 너희도 서로 사랑하라"(요 13:34). "내가 너희를 사랑한 것 같이"라는 말씀이 마음에 깊은 울림이 되었고, 이제 진짜 행복을 찾아가고 있습니다.

_ Prepare_Enrich 커플 진단 사례

결혼 생활의 행복은 어디에서 올까요? 불행은 이기심에서 오며 행복은 이타심에서 비롯됩니다. 모두가 나의 연약함에 치중하여 본인 사랑에만 급급하게 되면 사랑은 흐르지 않습니다. 하나님께서는 서로 사랑하라고 하셨습니다. 그것이 우리가 사는 길이며, 행복을 누리게 되는 길이기 때문입니다. 하나님께서는 사랑하는 방법도 가르쳐 주셨습니다. 지식을 따라 동거하라고 권면하신 것입니다. 서로에 대해 아는 것, 남자와 여자에 대해 아는 것, 사랑이라는 실체가 어디로부터 오는지, 어떻게 사랑해야 하는지 세세하게 알려 주셨습니다. 'Prepare_Enrich 진단'은 배우자를 알고, 배우자의 원가족을 이해하고, 부부간의 관계를 아는 데 유용한 자료입니다. 진단 결과를 해석하고, 더 나아가 말씀을 통해 알려 주신 사랑하는 방법을 실천해 나가면 가정 속에서 천국을 경험하고 영향력으로 흘러가는 은혜를 누리게 될 것입니다.

1. Prepare_Enrich 개요

커플을 위한 진단지, Prepare_Enrich는 현재 부부의 상태를 객관적으로 알게 하며 부부 각각이 가진 원가족의 경험을 토대로 배우자와의 친밀함과 유연함을 형성하는 정도를 수치적으로 보여 줍니다. 이러한 사실이 부부가 성장하는 데 중요한 지표가 되며, 이번 단원에서 성장해 나가기 위한 기준을 성경에서 찾게 될 것입니다.

신혼기 부부가 각자 자문해 볼 만한 주제

- 행복하고, 만족스럽고, 성공적인 결혼 생활은 어떤 것이라고 생각하나요?
- '결혼하면 꼭 해야 할 열 가지 목록'을 만든다면 무엇을 적고 싶으세요?
- 당신이 결혼 생활에서 진정으로 원하는 것은 무엇인가요?

- 당신이 사랑과 돌봄을 받고 있다고 느끼게 하는 것은 무엇인가요?
- 서로에 대한 사랑을 의심하게 만드는 일이 생긴다면, 그 일은 무엇일까요?
- 결혼하면 생기게 될 어려움들을 어떻게 다룰 것인가요?
- 오랜 세월이 지나면 당신의 결혼 생활은 어떻게 달라질 것 같나요?

Prepare_Enrich 내용 구성

구분	내용
핵심 척도	의사소통, 갈등 해결, 파트너 유형과 습관, 재정 관리, 여가 활동, 성관계, 가족 및 친구, 역할과 책임, 종교적 신념
관계 역동	자기주장, 자신감, 회피성, 파트너 지배성
스트레스 척도	개인 스트레스
커플과 가족 척도	부부 유연성, 부부 친밀성, 가족 친밀성, 가족 유연성
SCOPE 성격 척도	사교성, 변화, 조직성, 배려, 정서적 안정성

모든 부부는 서로 간에 차이와 불일치한 면을 가지고 있습니다. 연구에 의하면, 갈등을 어떻게 해결하느냐에 따라 결혼 생활의 행복지수가 결정된다고 합니다. 행복한 커플은 갈등이나 동의하지 않는 부분에 대해서 회피하지 않습니다. 서로를 존중하며 그 갈등을 해결하기 위해 노력합니다. 그렇게 될 때 서로의 관계가 더욱더 튼튼하게 서는 것을 볼 수 있습니다. 커플을 위한 진단지인 'Prepare_Enrich'는 핵심 척도와 관계 역동, 스트레스 척도, 커플과 가족 척도(원가족 지도), SCOPE 성격 척도로 구성되어 있습니다. 이를 통해 부부간의 관계 속에서 강점 영역과 성장 필요 영역을 알 수 있으며, 어떻게 훈련하며 성장해 나가야 하는지 알려 주는 길잡이가 되어 줍니다. 이제 Prepare_Enrich의 내용 구성을 자세히 살펴보겠습니다.

2. 커플 상태에 대한 핵심 척도

표도르 도스토옙스키의 『카라마조프가의 형제들』은 가장 사랑해야 하는 가족이 돈으로 인해 갈등 구조를 갖게 되어 자녀가 아버지를 살해하고, 형제는 자살하는 모습을 그린 소설입니다. 가족 안에서 나타나는 욕심과 미움, 원망의 모습을 보며 세상을 창조하시고 "심히 좋았더라"라고 말씀하신 하나님의 마음이 얼마나 아프실까 생각하게 되었습니다. 이것이 죄인 된 인간의 모습입니다. 『카라마조프가의 형제들』은 결국에는 용서와 사랑으로 결말을 맺지만, 인간의 내면을 적나라하게 그려 원가족의 영향과 흐름을 고스란히 볼 수 있습니다. 작가는 "사랑하는 법을 성실히 배우고 오랫동안 연마해야 한다. 순간이 아니라 영원히 사랑해야 함으로…."라는 메시지를 던집니다.

핵심 척도

1) 의사소통(Communication)

부부가 관계를 유지하는 데 있어서 의사소통 역할에 대해 어떻게 생각하고 있는지, 개인의 믿음과 느낌, 태도 등을 측정합니다. 이는 일상적인 대화에서나, 중요한 감정과 신념을 나누는 깊이 있는 대화까지 아우릅니다. 파트너와 대화할 때 느끼는 편안함의 수준과 듣고 말하는 기술에 대해 알 수 있는 내용입니다.

- **의사소통의 복잡성**

의사소통은 무엇을 말했느냐가 아니라 어떻게 말했는지와 관련된 문제입니다.

- **친밀감을 얻는 열쇠**

자신의 생각과 감정을 나눌 수 있는 능력은 관계를 형성하고 유지하는 데 가장 중요한 요소입니다. 부부가 친밀한 삶을 유지하기 위한 필수 요건이 원활한 의사소통입니다.

_____
_____
_____

- **의사소통의 일반적 어려움**
  - 감정의 나눔을 어려워하는 것
  - 원하는 것을 요청하는 것
  - 문제 앞에서 회피하는 것
  - 무례한 말을 하는 것

_____
_____
_____

2) 갈등 해결

갈등이 발생했을 때 다른 화제로 돌리고 피하기에 급급하지는 않습니까? 아니면 갈등을 해결하기 위해 고민하고 노력합니까? 개방적인 관점으로 문제를 인정하고 해결하기 위해 얼마나 노력하고 있는지 체크해 봅시다. 문제를 인정하고 해결하는 데 개방적인 관점을 갖고 있는지 파악할 수 있으며, 문제가 해결되는 방식에 대해서 서로가 어느 정도 만족하는지 알 수 있습니다.

- 갈등에 대한 관점
    - 갈등에 대해 개방적 관점을 갖고 있는지
    - 갈등 해결을 위한 전략이 있는지
    - 갈등을 해결해 가는 과정이 어떠한지
    - 현재의 해결 방식에 대해 어떻게 생각하는지

_____

_____

_____

- 갈등 해결 방법 10단계

풀리지 않는 문제가 지속될 때 10단계의 갈등 해결법을 적용해 봅시다.

패턴이 깨질 때 새로운 세계가 나타난다.

1단계   논의할 시간과 장소를 구체적으로 정하라.
2단계   커플의 의견이 불일치하는 문제를 정하고 의논하라.
3단계   문제에 대한 각자의 입장을 적어 보고 책임에 관한 이야기를 나누라.
4단계   과거에 시도했으나 실패 경험이 있다면 그때의 문제 해결 접근 방법에 대해 말하라.
5단계   갈등 해결을 위한 방법에 대해 열 가지 이상의 브레인스토밍을 해 보라.
6단계   그중 가능한 해결 방법을 평가하고 논의하라.
7단계   한 가지 해결 방법에 동의하라.
8단계   해결을 위해 각자가 무엇을 어떻게 할 것인지를 이야기해 보라.
9단계   이 과정을 토의하기 위해 다음 만남을 정하라.
10단계   문제 해결을 위한 각자의 노력에 대해 보상하라(칭찬, 감사 표현, 선물 등).

_____

_____

• 타임 아웃(Time-out)의 필요성

배우자의 감정이 끓어오를 때 치고받을 것인가?
VS. 감정을 먼저 가라앉힐 것인가?

격분해 있을 때 타임 아웃이 없으면 깊게 후회할 상황을 만들 수 있습니다. 누구나 내면의 것이 끓어오를 때 넘치거나 폭발합니다. 그것을 받아 주지 않으면 감정이 분출되어 더 어려운 상황이 됩니다. 어느 정도 분출하고 나면 넘칠 것이 없이 잦아듭니다. 그때 이성으로 다가가는 것입니다. 타임 아웃에 대한 필요성을 인식하고, 타임 아웃에 대한 원칙을 세웁시다.

3) 배우자 유형과 습관

배우자의 행동 특성과 개인적인 습관에 대한 각 개인의 인식과 만족도를 평가하는 항목입니다. 주로 성격 문제를 다루고 있습니다. 질문 항목들은 성질부림, 변덕, 고집 등의 문제에 대해 초점을 맞춥니다. 이 척도는 전반적인 모습과 신뢰성, 의존성, 지배성향을 고려합니다.

4) 재정 관리

돈은 우리의 삶에서 안전, 돌봄, 신뢰, 기회, 의존적인 관계 그리고 독립적인 관계로 이해됩니다. 돈은 심각하고 복잡한 문제로 대두되는 경우가 많으므로, 솔직하고 투명하게 의논해야 합니다.

• 돈과 관련된 일반적인 문제들

"자유롭고 아름다운 가정생활은 빚을 지게 되는 순간 끝난다."
- 헨릭 입센(Henrik Ibsen, 1828~1906)

- 나는 배우자가 돈은 좀 더 신중하게 쓰기를 바란다.
- 우리 부부는 돈을 저축하는 데 어려움이 있다.
- 우리 부부는 지출의 우선순위를 결정하는 데 문제가 있다.
- 우리 부부는 부채로 어려움을 겪고 있다.
- 우리 부부는 신용카드 과다 사용으로 문제를 겪고 있다.

5) 성적 관계

성과 관련한 문제는 애정에 대한 개인의 감정과 관심에 대한 척도입니다. 애정 표현에 대한 만족과 성에 관한 문제를 스스럼없이 이야기하는 수준, 성관계에 대한 태도, 가족계획에 대한 부부간의 의논과 결정의 정도, 배우자에게 느끼는 성적 충실에 대한 감정 등을 반영합니다.

- **부부가 성에 대해서 고민하는 일반적인 문제들**
  - 배우자가 하는 애정 표현에 대한 불만족의 정도
  - 남자와 여자의 성적 지향과 관점의 차이
  - 성적 관심과 기대의 차이
  - 흥미롭고 즐거운 성관계 유지에 방해가 되는 요소들
  - 성관계에 대한 만족감
  - 솔직한 대화에 대한 결핍

- **성적 친밀감을 향상하는 법**

① 대화의 수준 높이기

서로가 사랑받고 싶은 욕구나 사랑의 표현 방법에 차이가 있습니다. 배우자가 어떤 상황에 사랑받고 있다는 느끼는지를 서로 나누면서 성 문제에 관한 대화 수준을 향상시킬 수 있습니다.

나는 _____ 할 때 사랑을 받는다고 느낍니다.

구분	내용

② 욕구의 다름을 인정하기

6) 여가 활동

자유 시간을 이용하는 개인의 선호를 평가합니다. 사회적 활동 대 개인적 활동, 능동적 관심과 수동적 관심, 여가를 함께해야 하는지 또는 독립적으로 하는 것을 수용하는지 등 여가에 관한 선호와 기대를 나눕니다.

7) 역할과 책임

역할과 책임은 부부 역할과 가족 역할 그리고 책임에 대해 개인이 어떤 믿음과 태도를 가지고 있는지 평가합니다. 이 범주는 가사와 의사결정이 공유되는 방식에 대한 만족감을 측정합니다. 시대적인 역할 기준이 다를 수 있기 때문에 결과에 존속되기보다는 현재 우리 가정의 상황에서 어떤 역할을 할지 나누는 것이 중요합니다.

- 역할과 관련된 일반적인 문제들
  - 불평등한 가사 분담
  - 가사 일이 많다는 것을 인식하지 못함
  - 단순히 가사를 분담하지 않는 문제가 아니라, 가사 업무가 본인으로 인해 가중되고 있음조차 인식하지 못함

_____

_____

_____

부부관계에서 역할은 힘이 어떻게 작용되고 있는지를 보여 줍니다. 서로의 역할을 살펴보면서 현재 부부관계가 얼마나 평등한지 알 수 있습니다.

• 역할 관계 성장 TIP

① 역할 분담 목록 만들기

부부가 각자 써 보고 맞춰 보며 역할 균형을 점검하고 합의 목록을 만든다.

당신이 매일 하는 일	당신이 일주일에 한 번 정도 하는 일

② 역할 관계를 향상시키는 방법

- 목록에서 남편과 아내가 함께 해결 방법을 찾는다.
- 집안일을 나누고 나면 배우자의 일에 관여하지 않는다.
- '도와준다'는 개념을 버리고 내 일이라는 생각을 한다.

8) 종교적 신념/가치관

결혼 관계 내에서의 신앙의 의미와 실천에 대한 태도와 느낌, 그리고 관심을 평가합니다. 항목은 종교의 의미와 중요성, 교회 혹은 기타 종교 활동에서의 참여도, 종교적 믿음이 결혼 생활에서 가져다주길 바라는 것 등에 초점을 맞춥니다. 종교적 신념에 대한 부부의 만족은 반드시 높거나 낮은 점수에 의해서가 아니라, 서로가 보고하는 응답의 일치 정도에 따라 나타납니다. 만약 두 사람 모두의 점수가 높거나 낮다면 그 부부는 그들 관계에 있어서 종교의 역할에 대해 만족하는 경향이 있을 것입니다. 만약 한쪽은 높고 다른 한쪽은 낮다면 조화가 낮은 것을 시사하며 이 영역이 잠재적인 문제임을 암시합니다.

배우자와 나는 기독교적 믿음으로 인해 더욱 가깝게 느낀다.
우리는 매우 유사한 종교적 신앙을 가지고 있다.
우리는 어려운 시기에 종교적 신앙에 의지한다.

3. 부부 관계의 네 가지 역동

관계 역동은 성격 특성에 기반하여 다음의 네 가지 유형으로 나타납니다. 아래 그래프는 한 커플의 네 가지 유형의 비율을 조사한 사례입니다.

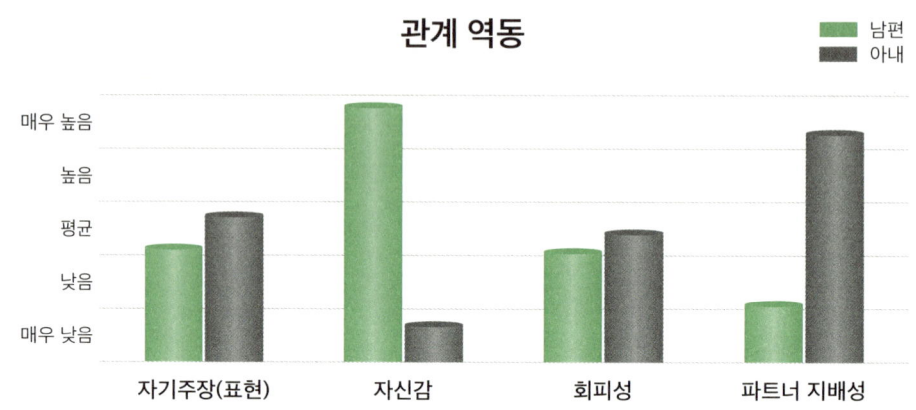

자기주장(표현)

배우자에게 자신의 감정을 표현하거나 자신이 원하는 것을 어느 정도 요구할 수 있는 능력, 위 사례는 자기주장이나 자기표현에 열려 있는 편입니다. 논쟁 중에 배우자의 감정을 상하게 하는 것이 불편해서 아무 말을 안 하는 사람이 있는가 하면, 설득하고 이해시킬 수 있는 자신만의 설득력을 찾는 경우가 있습니다.

자신감

자기 자신에 대해 혹은 자신의 삶 속에서 일어나는 일을 조정하는 능력에 대해 어느 정도의 만족감을 가지고 있는지에 초점을 맞추는 항목입니다. 자기 자신에 대해 긍정적인 태도를 가졌는지, 자신에게 나타나는 여러 가지 일을 다스려 나가는 것을 어려워하는지 알 수 있습니다. 배우자의 상태를 보며 서로 도우려는 노력이 필요합니다.

회피성

문제를 축소하려 하거나 혹은 직면하지 않으려는 성향에 대한 항목입니다. 논쟁을 빨리 끝내기 위해 자신의 주장을 급하게 포기하고 묻어 두는 경향이 있다면, 논쟁의 주제가 언제든 다시 표출될 수 있다는 것을 기억해야 합니다.

파트너 지배성

자신의 배우자가 얼마만큼 자신을 조정하고 자신의 삶을 지배하려고 하는지에 생각해 봅시다. 양쪽 모두가 서로를 지배하려 하지 않고, 스스로 자기주장을 펼칠 수 있도록 도와주는 것에 포인트를 맞춥니다. 자기주장의 증가는 검사에서 평가되는 다른 3개의 성격 특성에 긍정적인 영향을 줍니다.

자기주장과 자신감을 연결해 주는 긍정적인 순환과 회피성과 파트너 지배성을 연결하는 부정적인 순환이 있습니다. 긍정적인 순환에서는 한 개인이 자기주장을 많이 할수록 삶의 자신감의 수준이 증가합니다.

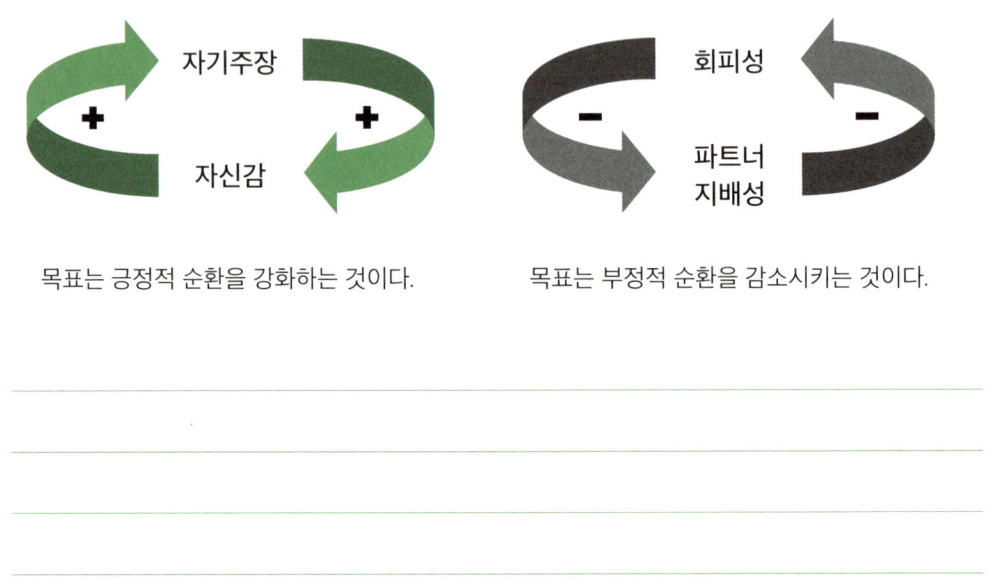

목표는 긍정적 순환을 강화하는 것이다.   목표는 부정적 순환을 감소시키는 것이다.

4. 개인 스트레스 파일

스트레스를 주는 요인은 주로 외부에서 일어나며, 이는 정서적 또는 신체적인 반응을 일으킵니다. 특정 사건이 부부에게 얼마나 영향을 미치는지, 그리고 사건을 긍정적으로 보는지 부정적으로 보는지에 따라 척도의 결과가 다릅니다. 스트레스 수준이 높거나 만성적이면 신체적 증상이나 심리적 증상이 날 수 있습니다.

스트레스를 대처하는 두 가지 기본 방식

1) 스트레스 요인 제거하기

스트레스 요인에는 통제가 가능한 것이 있고 실제로 제거하기를 선택해야 하는 것도 있습니다.

___

___

___

2) 개인의 스트레스에 대한 반응 바꾸기

스트레스 요인을 제거할 수 없을 때는 개인이 스트레스 요인에 어떻게 반응하는지를 살펴보는 것이 중요합니다. 건강한 대처 방법을 배우고 사용하는 것은 개인이 더 건강한 방법으로 스트레스에 반응하는 것에 도움이 됩니다.

___

___

___

5. 커플 & 가족 척도

커플과 가족의 친밀성

부부와 가족의 친밀성 영역은 부부와 가족 구성원 간의 정서적인 친밀도와 결속 및 독립 사이의 균형을 맞추는 정도를 측정합니다. 항목들은 식구가 서로 돕는 것, 시간을 함께 보내는 것, 그리고 정서적인 친밀감에 대한 느낌 등을 다룹니다.

지나친 친밀함은 서로에 대한 과다한 의존을 반영하고, 건강한 관계 기능에 해를 끼칠 수도 있습니다. 중간 정도의 경우는 잘 기능하고 결속과 독립 사이에 균형이 잡혀 있음을 나타냅니다. 매우 낮은 경우는 정서적 친밀성이 결여되어 있음을 암시하며, 정서적으로 불안정한 상황이 생길 경우 문제가 발생할 가능성이 있습니다.

커플과 가족 유연성

커플과 가족 유연성 영역은 필요할 때 변화하고 적응하는 부부의 능력을 측정합니다. 항목들은 리더십이 필요할 때 책임을 전환하고 규칙을 바꾸는 능력을 다룹니다.

지나친 유연성은 끊임없이 변화하는 경향을 반영하며 안정성이 결여되기 쉽습니다. 중간 정도의 경우는 잘 기능하고 안정과 변화 사이에 균형이 잡혀 있음을 나타냅니다. 매우 낮은 경우는 기능적인 방식에 있어서 변화하는 능력이 부족함을 암시하며 문제가 발생할 가능성을 보여 줍니다.

| 참깨교실 약속 |

MUST-DO 당신을 위해 나를 바꾼다

평생 지키기로 약속하십시오.

조별 나눔

Prepare_Enrich 진단 결과를 보면서 느낀 점과 생각을 나누어 보세요.
성장 영역과 성장 필요 영역에 대해 함께 나누고 가정의 계획을 세우는 일은 중요합니다.

1. 각 가정별로 Prepare_Enrich 진단 결과를 통해 느낀 마음을 나누어 보세요.

2. 핵심 척도 결과 중에 강점 영역이 있다면 해당 영역에 대한 자신들의 삶을 나누어 보세요.

3. 핵심 척도 결과 중에 성장 필요 영역이 있다면 해당 영역에 대한 어려움을 나누어 보세요.

● 부부 친밀성 & 유연성 Quiz ●

이 질문들은 각각 혼자 풀어야 합니다. 결과를 살펴보면서 부부의 친밀성과 유연성에서의 강점과 어려운 점들을 발견하고 그것에 대해 함께 이야기해 봅시다.

 부부 친밀성

- 당신은 배우자와 얼마나 자주 시간을 보내나요? (최근 3개월의 상태를 떠올리십시오.)
  - 1. 전혀 없다
  - 2. 거의 없다
  - 3. 가끔 있다
  - 4. 자주 있다
  - 5. 거의 같이 있다

- 당신은 배우자에게 얼마나 헌신하고 있나요?
  - 1. 건성
  - 2. 약간
  - 3. 보통
  - 4. 매우
  - 5. 열정적

- 당신은 배우자와 얼마나 친밀하다고 느끼나요?
  - 1. 별로 친밀하지 않다
  - 2. 약간 친밀하다
  - 3. 보통이다
  - 4. 매우 친밀하다
  - 5. 지나치게 친밀하다

- 부부의 분리와 연합의 균형은 어느 정도인가요?
  - 1. 거의 단절이다
  - 2. 연합보다는 분리에 가깝다
  - 3. 똑같다
  - 4. 분리보다는 연합에 가깝다
  - 5. 거의 밀착이다

- 당신과 배우자는 서로에게 의존적인가요, 독립적인가요?
  - 1. 매우 독립적이다
  - 2. 의존적이기보다는 독립적이다
  - 3. 의존과 독립이 똑같다
  - 4. 독립적이기보다는 의존적이다
  - 5. 매우 의존적이다

적용 2 부부 유연성

- **부부 사이의 리더십은 어떤 형태입니까?**
  1. 거의 한 사람이 주도한다
  2. 가끔 함께 주도한다
  3. 대개 함께 주도한다
  4. 늘 함께 주도한다
  5. 리더십이 분명하다

- **당신은 얼마나 자주 배우자와 집안일을 분담합니까?**
  1. 거의 항상
  2. 자주
  3. 대개
  4. 때때로
  5. 거의 하지 않는다

- **관계 안에는 정해진 규칙이 있습니까?**
  1. 규칙이 매우 분명하고 절대 변하지 않는다
  2. 규칙이 분명하고 변하지 않는다
  3. 규칙이 분명하고 체계적이다
  4. 규칙이 분명하지만 융통성이 있다
  5. 규칙이 불분명하고 자주 변한다

- **부부 사이의 의사결정은 어떠합니까?**
  1. 주로 한 사람이 결정한다
  2. 가끔 함께한다
  3. 자주 함께 결정한다
  4. 늘 함께 결정한다
  5. 각자 결정한다

- **부부 사이의 관계는 얼마나 많은 변화가 있습니까?**
  1. 변화 없음
  2. 아주 작은 변화
  3. 약간의 변화
  4. 많은 변화
  5. 매우 많은 변화

'적용 1. 부부 친밀성'의 문항을 모두 합한 점수와 '적용 2. 부부 유연성'의 문항을 모두 합한 점수를 기록하십시오. 그리고 현재 점수가 아닌, '바라는 점수'도 기록하십시오. 이를 토대로 아래 제시된 커플 지도에 표시해 보십시오.

구분	친밀성	유연성
현재 : 남편		
바람 : 남편		
현재 : 아내		
바람 : 아내		

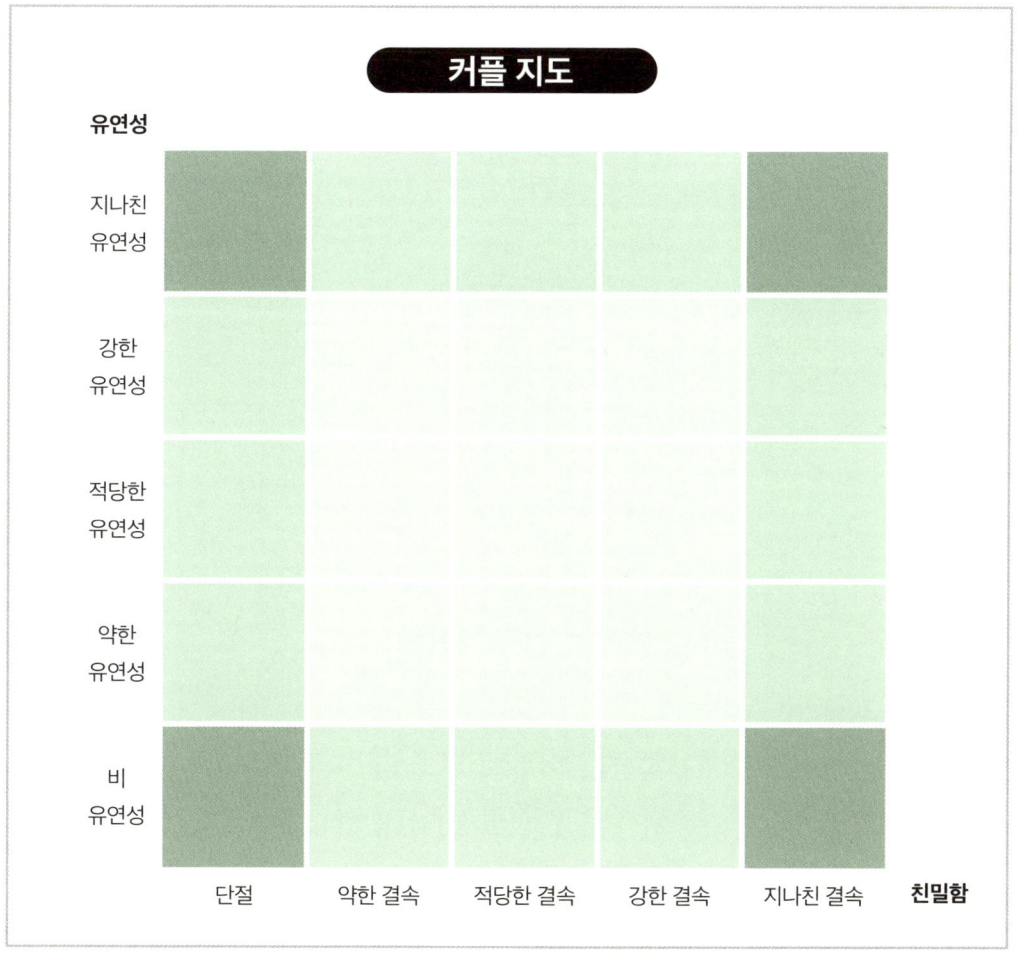

* 이 자료는 인리치 코리아(www.enrichkorea.com)를 참조했습니다.

3

예비 부모의 지혜

"보라 자식들은 여호와의 기업이요
태의 열매는 그의 상급이로다"
시편 127:3

'새가 나뭇가지에 앉아 있다'는 의미의 주크(Juke)라는 성을 가진 일가(一家)가 있었다. 1874년 리차드 더그데일(Richard A. Dugdale)이라는 학자의 연구를 통해 주크 후손들의 행적이 밝혀졌다. 맥스 주크(Max Juke)로부터 5대에 걸친 집안의 일가 1,200명이 연구 대상이었다. 300명은 유아 시절 사망, 440명은 퇴폐자, 310명은 극빈자, 130명은 범법자, 60명은 절도범, 7명은 살인자였다. 맥스 주크는 현재만을 생각하며 자유분방하게 살았다. 그는 나쁜 사람이 아니었다. 오히려 낙천적이고 재치 있는 사람이었으며, 실용적인 기술을 가진 사람이었다.

단지 그에게는 자신의 능력을 개발해야 할 이유나 목적이 없었다. 하루하루를 즐기는 것이 낙이었다. 그 결과 발전 없이 반복되는 삶을 자식들에게 물려주었다. 결국 그의 후손들은 가난하고 병약하여 삶을 영위하기 위해 또는 현실을 탈피하기 위해 범죄를 저지르며 사회에 폐를 끼치는 사람들이 되고 말았다.

같은 시대에 대조되는 인물로 조나단 에드워즈(Jonathan Edwards) 후손들의 행적이 같이 연구되었다. 조나단 에드워즈는 1740년대 영적 대각성 운동의 주역이었다. 어려서부터 독실한 기독교인이었으며, 10살 때 이미 동네 가까운 숲속에 나뭇가지로 움막을 만들어 놓고 매일 2명의 친구와 함께 가서 기도하며 어린 시절을 보냈다.

에드워즈 가문에 속한 1,400명 중 대학을 졸업한 사람이 285명이었고, 그들 중에서 13명의 대학 총장과 65명의 교수가 배출됐다. 목사, 신학자, 선교사가 된 사람이 100여 명, 변호사가 된 사람이 100여 명, 그리고 판사가 된 사람이 30명이었다. 또한 후손 중에서 부통령 1명, 상원의원 3명, 국회의원 다수, 외교관 다수, 주지사 3명, 시장 3명, 군대 장교 75명, 작가 60여 명, 철도회사 책임자 50명, 금융기관장 여러 명, 광산주 여러 명이 나왔다. 조나단 에드워즈는 기독교인 가정에서 신앙과 교육을 중시하며 성장했다. 그런 자세를 자녀들에게 물려주어 사회에 기여하고 사람들로부터 칭송을 듣는 후손들을 낳게 되었다.

_ "자녀양육칼럼", LA중앙일보, 2020년 8월 14일 참고

부모가 된다는 것은 한 번 더 자녀가 되는 것과 흡사합니다. 부모는 자녀의 성장을 바라보며 자신의 어린 시절을 다시 기억하게 됩니다. 또한 배우자가 자녀였을 때의 경험을 이해하게 됩니다. 자녀관은 대부분 자녀였던 경험에서 비롯되기 때문입니다. 그리고 그 과정을 통해 서로를 이해하고 극복하고 맞춰 가고, 자녀를 사랑하며 내 몸처럼 아끼는 마음을 갖게 되며, 하나님의 마음을 서서히 알아 가게 됩니다.

부모가 되는 것은 짧지 않은, 그리고 쉽지 않은 여정이지만, 하나님께서 베풀어 주신 가장 큰 축복을 경험하는 일입니다. 하나님의 마음을 알아 간다는 것이 우리에게 가장 큰 축복이기 때문입니다.

1. 성경적 부모 준비

신혼은 결혼 생애 주기의 첫 단계입니다. 30년 전후의 시간 동안 서로 다른 가치관, 자녀관, 배우자관을 형성한 두 사람이 하나가 되도록 노력하고, 서로에 대해 이해하고 받아들이며, 새로운 가정을 형성하여 결혼 생활의 기초를 다져야 하는 시기입니다. 서로의 관점을 맞춰 가는 과정 없이 자녀를 맞게 되면 혼란이 옵니다. 자녀를 맞이하기 전에 성경적 부모가 되기 위한 준비를 하는 것은 둘이 하나가 되는 축복의 시간입니다.

서로 다른 가치관 결합의 이해

1) 차이를 이해하기

남자와 여자가 결혼하면 부부가 됩니다. 부부가 되었다는 것 자체만으로 가치관이 합일되었다고 말할 수 없습니다. 두 사람은 결혼 전에 30년 안팎을 서로 다르게 살아왔습니다. 서로 다른 가정 환경, 교육 환경, 삶의 상황 속에서 성장해 왔기 때문에 가정관, 배우자에 대한 가치관, 그리고 자녀관이 서로 다를 수밖에 없습니다. 결혼 생활을 시작할 때 그 사실을 서로 인정하고 이해하는 것이 중요합니다.

2) 다름을 받아들이기

어린 시절 성장해 온 환경의 영향을 받아 형성된 가치관은 대부분 성인이 된 이후 삶에서 드러나게 됩니다. 이는 이질감이 있는 다른 사람과 관계를 깊게 형성해 나가야 할 때 더 많이 드러나게 됩니다. 서로에 대한 이해와 존중의 마음 없이는 변화되기가 어렵습니다. 배우자의 가치관을 나의 가치관으로 급하게 바꿔 가려는 마음은 배우자와의 갈등을 키울 우려가 있습니다. 이 시기에는 서로를 알아 가며, 배우자의 가치관과 삶을 이해하고 받아들이는 존중의 자세가 필요합니다. 그 과정에서 서로에 대한 신뢰와 사랑이 커지게 됩니다.

3) 새로운 가정 문화 만들기

"사람이 새로이 아내를 맞이하였으면 그를 군대로 내보내지 말 것이요 아무 직무도 그에게 맡기지 말 것이며 그는 일 년 동안 한가하게 집에 있으면서 그가 맞이한 아내를 즐겁게 할지니라"(신 24:5)

신명기 24장 5절 말씀은 하나님께서 결혼 생활을 얼마나 중요하게 여기시는지를 잘 나타내고 있습니다. 그리고 그 결혼 생활의 출발점인 1년 동안의 삶에 대해 매우 구체적으로 언급하고 있습니다.

남편과 아내의 기대 차이

"너희도 각각 자기의 아내 사랑하기를 자신 같이 하고 아내도 자기 남편을 존경하라"(엡 5:33)

1) 존경받고 싶은 남자

남자는 여자로부터 존경받기를 원합니다. 결혼하면 배우자에게 기대하는 바가 다양하게 나타날 수 있습니다. 그러나 그 가운데서도 남자들의 근원적인 욕구는 존경에 있습니다.

2) 사랑받고 싶은 여자

여자들은 남자로부터 사랑받기를 원합니다. 태초에 여자는 남자에게 사랑받기 위한 존재로 태어났습니다. 하나님은 아담이 혼자 있는 모습을 보시며 "사람이 혼자 사는 것이 좋지 아니하니"(창 2:18)라고 말씀하셨고, 사랑하고 함께할 존재로 하와를 지어 주셨습니다.

남편의 역할과 책임

결혼은 오직 하나님만이 원래 의미를 규정하실 수 있습니다. 그렇다면 결혼 생활의 원리도 하나님의 뜻 안에서 찾아야 합니다. 인류 최초의 결혼 주례사는 창세기 2장 24절 말씀입니다. "이러므로 남자가 부모를 떠나 그의 아내와 합하여 둘이 한 몸을 이룰지로다" 이 말씀에서 결혼 생활에 대한 하나님의 원리를 찾을 수 있습니다. '떠남'과 '연합'과 '하나 됨'입니다. 이 원리를 따라 하나님께서는 남자를 새로운 가정의 영적 제사장으로 세우길 원하십니다.

성공적인 결혼 생활을 위해 남편들은 적어도 세 영역에서 자신을 점검해야 합니다.

첫째, 영적 조건
하나님께서는 남자를 가정의 영적 제사장으로 세우셨습니다.

둘째, 경제적 조건
하나님께서는 남자에게 세상 만물을 다스리는 임무를 맡기셨습니다. 가정의 경제를 부모에게 의존하지 않고 자립적으로 일궈 가려는 의지와 노력이 있는지 점검해야 합니다.

셋째, 정서적 조건
정서적 연합을 위해 의사소통 방법을 배워 나가야 합니다.

1) 가정의 제사장: 영적 조건

• 옳지 못한 것에서 떠나라

남편은 아내에게 존경을 받을 때 가장 이상적인 역할을 감당하게 됩니다. 존경의 마음은 사실 삶을 보며 우러나오게 되어 있습니다. 가정의 제사장 자리에 서기 위한 가장 중요한 일은 옳지 못한 습관에서 떠나는 일입니다. 결혼 전에 갖고 있었던 옳지 못한 습관이 무엇인지 점검해 봅시다. 여러 모양의 옳지 못한 습관으로 형성된 생활 태도들이 있을 것입니다. 그것들을 이겨 내려는 노력이 필요합니다.

• 거룩한 습관을 형성하라

옳지 못한 습관에서 떠나는 것만으로는 안 됩니다. 영적 제사장으로 세워지기 위해서는 주님과 친밀함을 나누며 주님을 더욱 깊이 알아 가는 거룩한 습관이 형성되어야 합니다. 거룩한 습관을 갖기 위해 노력하는 모습 속에서 아내는 남편을 존경하게 됩니다. 또한 그렇게 습관을 형성하고 지켜 나갈 때 아내는 남편을 신뢰하게 됩니다.

• 자신의 믿음과 배우자를 위해 기도하라

자신의 믿음을 지키기 위해 성령님께 자신을 의탁하고 기도해야 합니다. 아내를 위해서도 기도해야 합니다.

Q 나는 어떤 습관을 갖고 있는가?

버리고 싶은 습관	갖고 싶은 습관

2) 열심히 일하는 가장: 경제적 조건

• **가정과 만물을 다스리는 일에 책임감을 가지라**

하나님께서는 하와를 지으시기 전에 남자에게 만물을 다스리는 권세를 주셨습니다. 지도자의 역할을 주신 것입니다. 그 역할을 잘 감당할 때 아내는 열심히 일하는 남편을 존경하게 됩니다.

• **나태함과 싸우라**

가정의 제사장 직분을 감당하는 남편이 되기 위해서는 굉장히 애써야 합니다. 지금까지의 옳지 못한 습관들에서 벗어나기 위해 싸워 나가고, 거룩한 습관을 형성하기 위해 싸워 나가야 합니다. 영적 제사장이 되기 위한 거룩한 싸움입니다.

3) 아내 사랑: 정서적 조건

아내를 정말 많이 사랑해야 합니다. 아내는 간절히 사랑을 바랍니다. 아내는 아무리 사회적으로 성취를 이루었다고 해도, 남편의 사랑이 없으면 절대로 채워지지 않는 존재입니다.

아내의 역할과 책임

1) 현숙한 여인

"누가 현숙한 여인을 찾아 얻겠느냐 그의 값은 진주보다 더 하니라"(잠 31:10)

• **남편에게 선을 행하라**

현숙한 여인은 남편의 신뢰를 받으며 남편의 산업이 끊기지 않게 합니다. 부부간의 신뢰는 무엇보다 중요합니다. 여기에는 남편이 영적으로, 경제적으로, 정서적으로 주어진 역할을 감당하기에 부족함 없도록 내조하고 지지해 주는 것이 포함되어 있습니다.

• **가족의 건강과 경제를 살펴라**

경제활동을 하지 않는다고 해도 가정의 경제를 일구는 것은 아내의 중요한 몫입니다. '현숙함'이라고 함은 '에쉐트 하일'(אֵשֶׁת־חַיִל)이라는 히브리어 어원에서 찾아볼 수 있습니다. '에쉐트'는 '여성'을 의미하고, '하일'은 '강인한', '힘' 등을 의미합니다. 강한 여성은 먼저 자신을 지혜롭게 돌보고, 가족의 필요를 돌아보고 보살핍니다.

• **궁핍한 자를 돌아보라**

우리나라의 형편이 넉넉지 않았던 때에 우리의 어머니들은 밥솥이 비어 있지 않도록 밥을 넉넉히 했습니다. 나그네가 배고파하면 불러서 밥을 먹이는 것을 당연한 것으로 여겼습니다. 궁핍한 자를 돌아보는 것, 이것은 하나님께서 가정을 지으신 이유 중 하나입니다. 가정을 통해 세상 속에 그리스도와 교회의 관계를 드러내며, 하나님의 영광을 나타내길 기대하시기 때문입니다.

- 지혜로운 말을 하라

집안에서 아내의 말은 가정환경을 세우는 데 큰 영향을 미칩니다. 여자의 말수가 남자의 말수보다 4배 이상 많다고 합니다. 즉, 말의 주도권이 대부분 아내에게 있다고 볼 수 있습니다. 아내가 가족에게 어떤 말을, 어떻게 전하느냐에 따라 가정의 분위기가 좌우됩니다.

- 여호와를 경외하라

여호와를 경외하시나요? 여호와를 경외하는지 알기 위해서는 기도를 하는지를 살펴보면 됩니다. 아내 스스로 깨어 기도하지 않는다면 여호와를 경외하는 삶을 살 수가 없습니다. 우리는 모두 죄인이기 때문입니다. 기도하십시오. 여호와를 경외하는 것이 모든 지혜의 근본입니다.

2) 돕는 배필

- 상호 보완하는 '도움'의 관계

"하나님이 그들에게 복을 주시며 하나님이 그들에게 이르시되 생육하고 번성하여 땅에 충만하라, 땅을 정복하라, 바다의 물고기와 하늘의 새와 땅에 움직이는 모든 생물을 다스리라 하시니라"(창 1:28)

창세기 1장 28절 말씀은 인류의 참여를 통한 하나님 나라 건설과 확장에 대한 하나님의 계획을 보여 줍니다. 하나님께서는 '생육하고 번성하여 땅에 충만하라'는 인류를 향한 명령과 함께, '땅과 자연 만물을 다스리라'는 만물을 위한 명령을 주셨습니다. 이 일을 위해 남자와 여자를 만들어 주셨습니다. 이러한 명령들은 둘이 하나가 될 때 이룰 수 있는 명령임이 분명합니다.

• 남편에 대한 존경과 신뢰

남편이 존경스러워서 존경하는 걸까요? 모든 인간은 이기적인 죄성을 가졌기에 본질적으로 누군가를 존경하기란 어렵습니다. 특히 가족은 부족한 모습을 적나라하게 다 보이기 때문에 존경하기 쉽지 않습니다. 그렇기에 존경은 의도적인 노력이 필요합니다. 이는 하나님의 명령이고, 하나님께서는 그 안에서 비밀을 보이겠다고 약속하셨습니다.

3) 가정을 최우선으로 하는 여인

• 가정은 최고의 사역지

아내는 가정을 최우선으로 여겨야 합니다. 혼인 이후에는 양가 부모님, 배우자의 직장 동료 등 이전과는 비교할 수 없을 정도로 공동체 관계가 확장됩니다. 이때, 관계를 살피며 가정이 선한 영향력을 흘려 보낼 수 있도록 돌보는 일을 아내가 감당해야 합니다.

- 하나님의 기업을 이어 감

아내는 하나님 나라의 기업을 이어 갈 육신을 가졌습니다. 그렇기에 몸과 마음을 거룩하게 가꾸어야 합니다. 하나님께서는 여자에게 기업을 담아낼 육신과 함께, 그 기업을 하나님의 뜻에 맞게 양육해 나갈 귀한 직분을 허락하셨습니다. 그리고 이 일을 감당케 하시기 위해 모성본능을 주셨습니다. 이 땅의 모든 사랑이 궁극적으로는 자기 사랑에 집결되는 이기적 사랑이라고 할지라도, 모성본능은 하나님의 사랑을 가장 많이 닮은 사랑의 실체입니다.

2. 성경적 부모 되기

"보라 자식들은 여호와의 기업이요 태의 열매는 그의 상급이로다"(시 127:3)

'자식의 은혜를 아는 부모'라는 제목의 강의를 들은 적이 있습니다. '자식의 은혜'는 무엇일까요? 예전에는 단순히 자식으로 인해 누리는 기쁨이 은혜라고 생각했습니다. 그런데 자식을 키우면서, 자식이 은혜가 될 수 있음은 자식을 양육하며 하나님의 마음을 깊이 있게 느끼기 때문임을 알게 되었습니다. 살면서 본능적인 사랑을 줄 수 있는 대상은 자식 외에는 없습니다. 자식을 사랑하는 부모의 마음은 하나님의 사랑을 가장 닮은 마음입니다. 죄로 가득한 우리가 그 참사랑을 조금이라도 맛볼 수 있음은 우리에게 자녀를 주셨기 때문입니다. 하나님의 마음을 닮은 모습으로 자녀를 양육해 나가야 합니다. 성경적 자녀관은 시편 127편 3절에서 찾을 수 있습니다. 자녀는 나의 기업이 아니라 여호와의 기업입니다.

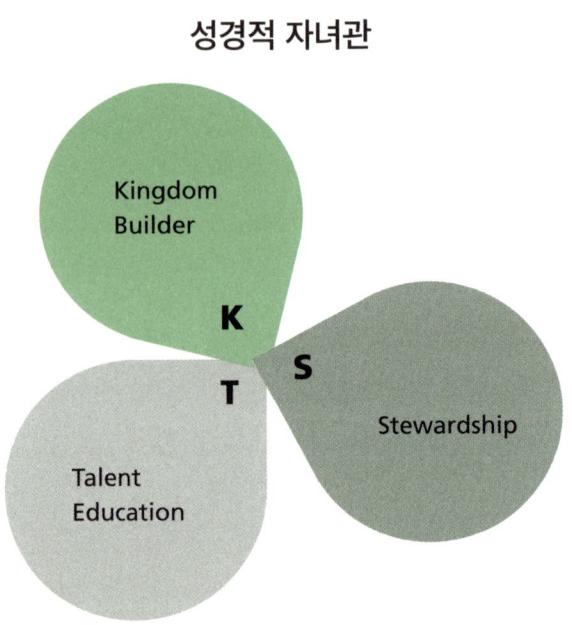

Kingdom Builder

Talent Education

Stewardship

예비 부모 1단계: 부모 됨을 준비하는 자녀 준비기

1) 부모상 정립

• 자신의 어린 시절 나누기

최근의 결혼 평균 연령은 대략 33~35세입니다. 서로의 어린 시절을 많이 나누어야 하는 이유가 여기에 있습니다. 성장 환경과 교육 등에 의해 각자가 옳다고 생각하는 기준이 이미 형성되었습니다.

그러나 이젠 새로운 가정의 문화와 기준들을 형성해 나가야 합니다. 파란색과 빨간색이 만났는데 파란색 가정 혹은 빨간색 가정을 이루자고 한다면 한 색상은 버려져야 합니다. 서로 합해지는 보라색 가정을 만들어 가려면 서로의 좋은 것들은 이어 가고, 자신이 고집했던 색 중 양보할 것들은 내려놓아야 합니다.

• 서로의 자녀관 확인하기

남편과 아내의 자녀관은 매우 다른 기준에 의해 형성되었을 것입니다. 자녀관에 가장 큰 영향을 끼치는 것은 부모인데, 서로 다른 부모 밑에서 성장했으니 자녀관이 다른 것이 당연합니다. 그러나 많은 사람이 자녀관에 대한 점검 없이 자녀를 맞이합니다. 그리고 서로 다른 방식으로 자녀 양육에 대해 기대하게 됩니다. '자녀관 DISC 진단'은 자신과 배우자의 자녀관을 점검하는 데 좋은 도구입니다.

• 성경 안에서 자녀관 점검하기

남편과 아내가 각자의 자녀 양육에 대한 기준들을 점검하고 맞춰 보았다면, 과연 그 새로운 기준이 성경적 자녀관에 맞는지를 돌아보아야 합니다. 성경적 기준은 부모에게 청지기의 자세를 요청합니다. 또한 자녀는 나의 기업이 아니라 하나님의 기업이라고 분명히 말합니다. 우리는 자녀를 맡아서 하나님의 뜻에 맞게 키워 나가야 하는 청지기임을 잊어선 안 됩니다.

• 자녀관(자녀관 DISC 진단) 맞춰 가기

기도문을 작성하며 하나님께 순종하는 마음을 채워 가고 하나님의 뜻에 맞게 양육해 나갈 결단이 세워집니다. 3주 차 과제로 부부가 함께 기도문을 작성해서 액자로 만들어 옵니다. 기도문을 함께 작성하고 그 기도문을 가지고 함께 기도하며 예비하신 자녀를 향한 하나님의 뜻을 배워 갑니다. 그리고 다른 가정의 기도문을 보며 배워 갑니다.

2) 건강 관리

• 부부가 엽산제 함께 복용하기

신혼은 부부가 함께 건강을 잘 관리해야 하는 시기입니다. 하나님의 성전인 몸을 잘 관리하는 것은 평생 중요한 일이지만, 특별히 몸을 통해 하나님의 기업을 받는 시기이기에 건강을 잘 관리해야 합니다. 체중을 관리하고 부부가 함께 엽산제를 복용해야 합니다.

엽산제는 태아의 신경관이 만들어질 때 가장 중요한 영양소입니다. 보통 임신을 계획하고 준비하면서 복용하는데, 임신 전 3개월부터 태아의 신경관이 형성되는 임신 후 3개월까지는 필수로 복용하는 게 좋습니다. 임신 전에는 남편도 함께 복용하면 건강한 아기를 갖는 데 도움이 됩니다.

• 체중 관리

체질량 지수(BMI)를 19.8~25 범위로 조절해 나가는 것이 좋습니다. 임신 중의 체중 감량은 태아에게 영향을 줄 수 있으므로, 임신 전에 체중을 잘 관리하고 식이 요법을 습관화하는 노력이 필요합니다.

3) 영적 성장을 위한 말씀과 기도

• 부부가 함께 기도하기

부부가 함께 만든 기도문을 가지고 날마다 기도합니다. 특별히 아내의 심신의 평안과 건강을 위해 부부가 함께 기도해야 합니다. 기도하면 하나님 앞에 함께 무릎 꿇고 나아가게 됩니다. 하나님은 이러한 모습을 매우 기뻐하십니다.

Q 함께 기도하고 있는 기도 제목이 있습니까?

_____
_____
_____
_____
_____

• 성경에 나오는 부모의 실패와 성공의 모습을 함께 나누기

성경에 나오는 인물 대부분은 부모였을 것입니다. 그중에서도 자녀에 대해 언급되었던 인물들이 자녀를 양육하면서 실패했던 모습, 성공했던 모습들을 부부가 함께 묵상하면 하나님 안에서 자녀를 양육해 나가는 것이 무엇인지 배워 갈 수 있습니다. 아래 제시된 인물들을 중심으로 부부가 함께 말씀을 읽고 나눔을 가져 보세요.

• 자녀 교육을 위해 함께 나누면 좋은 성경 인물

- 이삭과 리브가 : 부모 편애로 인한 가계의 흐름
- 한나와 엘가나 : 기도, 양육
- 엘리 제사장 : 왜곡된 사랑

- 디모데 : 외조모 로이스와 어머니 유니게
- 다윗과 사무엘 : 아버지로서의 모습
- 히스기야 : 므낫세의 실패
- 요게벳 : 모세의 어머니
- 모르드개 : 결손가정에서 믿음으로 자란 에스더

> **참깨교실 약속**
>
> 부부에게 주실 여호와의 기업을 받기 위해
>
> MUST-DO **함께 기도하자**
> **함께 성경 읽자**
> **함께 나눔 하자**
>
> 평생 지키기로 약속하십시오.
> 생명의 근원이 하나님께 달려 있기 때문입니다.

예비 부모 2단계: 태아기에 해당하는 자녀 임신기

이 시기는 아내가 임신하고 진정한 엄마가 되어 가는 시간입니다. 부부에게 이보다 기쁜 일은 없을 것입니다. 앞으로 살아가면서 이토록 신비한 경험이 또 있을까 생각될 정도로 놀라운 경험을 하게 될 것입니다.

• **배우자에 대한 배려**

이 시기에 아내는 우울함을 겪기도 합니다. 잘 가꿔 왔던 외모가 무너지는 것 같고, '엄마'라는 책임감과 함께 부담감이 몰려오기도 합니다. 몸이 무거워지면서 신체적으로 피곤함을 많이 느끼는 시기입니다. 남편은 아내의 이러한 어려움을 이해하며 가사를 나누고 실질적인 도움과 함께 격려와 응원의 말을 많이 해 주어야 합니다.

아내가 임신하기 전에는 아내의 관심이 대부분 남편에게 집중되었을 것입니다. 그러나 임신을 하면서 태중의 아이에게 모든 관심이 집중됩니다. 또한 아기를 품고 있기에 자신의 건강과 마음에 집중하게 됩니다. 이럴 때 남편은 외로움을 경험하기도 합니다. 아내의 상황에 대한 남편의 배려와 이해가 필요하지만, 아내에게도 남편을 이해하는 배려가 필요합니다.

• 산후 관리와 육아 계획

이 시기에 출산 후 육아에 대한 구체적인 계획이 세워져야 합니다. 오늘날은 많은 아내가 직장 생활을 하고 있고, 출산 이후에도 직장 생활을 유지하기 때문에 부부가 함께 기도하면서 가장 현명한 방법을 찾기 위해 애써야 합니다. 그렇지 않으면 산모의 심리 상태가 매우 불안정하여 태아에게도 영향을 주게 됩니다.

• 기도

이 시기는 결혼 생활 중 가장 많이 기도하는 때입니다. 아빠가 소리를 내어 산모의 배 가까이에 입을 대고 소리 내어 기도하는 것이 중요합니다. 태아는 감각 중 청각이 가장 먼저 발달한다고 합니다. 아빠와의 만남이 청각을 통해 이루어질 수 있습니다. 배에 손을 얹고 음성을 들려주며 아이를 축복해 주세요.

> "너는 마음을 다하고 뜻을 다하고 힘을 다하여 네 하나님 여호와를 사랑하라 오늘 내가 네게 명하는 이 말씀을 너는 마음에 새기고 네 자녀에게 부지런히 가르치며 집에 앉았을 때에든지 길을 갈 때에든지 누워 있을 때에든지 일어날 때에든지 이 말씀을 강론할 것이며"
> (신 6:5~7)

과제 I 예비 자녀를 위한 기도문 작성

1. 각자가 희망하는 자녀관을 체크하면서 주님께서 주신 마음을 나누십시오.

2. 함께 주님의 뜻을 구하는 기도를 하십시오.

3. 부부가 함께 예비 자녀를 위한 기도문을 작성하십시오.

예비 부모 3단계: 영아기에 해당하는 출산 이후

첫 아이를 출산하고 0세부터 3세까지의 시기가 예비 부모 3단계입니다. 부모가 되었으나 부모 경험이 없어서 하나씩 배워 나가는 과정이 될 것입니다. 이 시기에 자녀를 양육해 나가는 지혜는 하나님께서 주신 말씀 안에서 찾아 나가야 합니다.

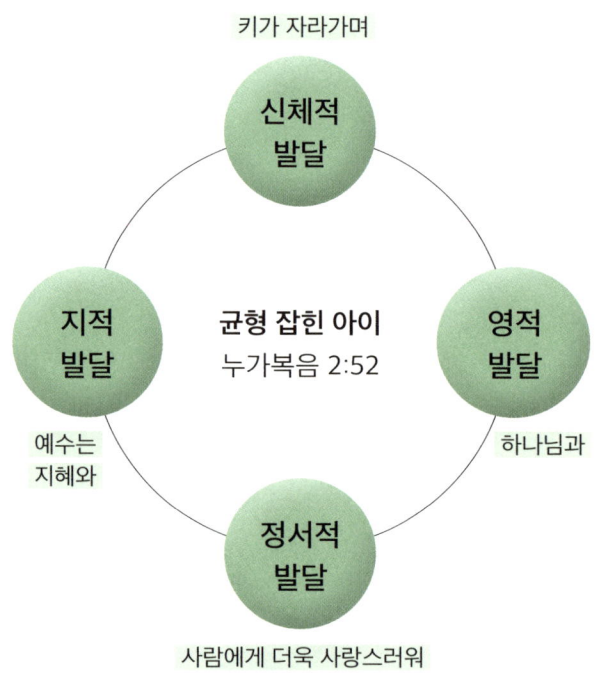

"예수는 지혜와 키가 자라가며 하나님과 사람에게 더욱 사랑스러워 가시더라"(눅 2:52)

누가복음 2장 52절 말씀 속의 예수님은 12세에 이미 영적, 지적, 신체적, 정서적 발달이 균형 있게 형성되어 있습니다. 주 안에서 자녀를 양육할 때 이렇게 성장할 수 있음을 보이신 예수님의 본보기가 되는 모습입니다.

1) 지적·정서적 발달

0~1세	2~3세	4~5세	6~11세	12~18세	19~24세	25~54세
신뢰감 VS. 불신감	자율성 VS. 수치심	주도성 VS. 죄책감	근면성 VS. 열등감	정체성 VS. 혼란	친밀감 VS. 고립감	생산성 VS. 침체성

<출처> '심리사회적 발달 이론', E. H. Erikson

- **엄마 바라기 아기 & 아기 바라기 엄마**

엄마의 깊은 사랑과 돌봄을 통해 아기는 건강한 신뢰감을 형성하게 됩니다. 엄마는 아기가 3세가 될 때까지 온갖 감각을 동원하여 아기를 바라보며 충분한 사랑을 부어 주어야 합니다. 이 시기는 아기의 인생에 있어서 가장 중요한 시기입니다.

• 마시멜로 효과

마시멜로 효과는 스탠퍼드대학교의 심리학자 월터 미셸 박사의 연구 이론입니다. 미셸 박사는 1966년에 4세 아이 653명에게 마시멜로 실험을 했습니다. 아이들에게 마시멜로를 하나씩 주고, 15분을 참고 기다린 사람에게는 한 개를 더 주겠다고 약속하고 15분을 기다리게 했습니다. 선생님이 나가자마자 먹어 버리는 아이, 열심히 참다가 아깝게도 15분이 다 되어 갈 때쯤 먹어 버리는 아이, 끝까지 참고 기다리다 마침내 마시멜로 2개를 갖게 되는 아이 등 다양한 모습이 나타났습니다. 15년이 지난 후 같은 653명의 아이를 찾아 상태를 파악했는데, 4세 때 마시멜로 먹는 것을 참고 기다린 아이들의 지능지수와 SAT(미국의 대학입학 자격시험) 결과가 현저하게 높은 결과를 보였습니다.

이 실험 결과는 신뢰가 기반이 된 아이들의 건강성을 나타냅니다. '선생님은 15분 뒤에 와서 반드시 나에게 마시멜로 하나를 더 주실 거야' 하는 신뢰를 가진 아이들은 참아 낼 수 있었습니다. 실험 결과를 통해 그러한 신뢰감이 건강하게 형성된 아이들은 현재를 인내하고 목적한 바를 이뤄 가는 힘이 크다는 것을 알 수 있습니다.

정서가 형성되는 영아기에 다음의 네 가지 원칙을 지켜 나가는 것은 이러한 신뢰감을 형성하는 데 매우 큰 영향을 끼치게 됩니다.

1.
2.
3.
4.

• 아버지 육아의 힘

아버지의 육아는 자녀의 지적, 정서적, 언어적 발달 형성에 중요하게 작용합니다.

① 공부보다 놀이에 집중해 주세요.
_____
_____

② 규율과 원칙에 매이지 마세요.
_____
_____

③ 시간을 정해서 놀아 주세요.
_____
_____

④ 야단은 엄마에게 양보하세요.
_____
_____

2) 영적 발달

부모로서 자신의 모습이 부족해 보일지라도 자녀가 하나님을 의지하는 성인으로 성장해 나가길 바라는 마음은 모든 부모가 같습니다. 아무것도 모르는 것 같은 이 시기가 영적인 근본을 세워 가는 데 가장 중요한 시기라는 것을 인식해야 합니다. 이 시기에 맞이하는 모든 일은 백지와도 같은 자녀에게 성장의 자양분이 될 것입니다. 습관을 형성할 때 주님께 가까이 가는 습관을 만들어 주세요. 평생토록 주의 품에 거하는 주의 자녀로 성장하게 될 것입니다.

① 기도하는 습관을 키워 주세요.

_____

_____

② 성경을 암송하게 하세요.

_____

_____

③ 성경 인물 이야기를 많이 들려주세요.

_____

_____

④ 품에 안고 예배드리세요.

_____

_____

조별 나눔

자녀 DISC 진단 결과에 대해 느낀 마음을 나누어 보세요. 신혼 초에 부부가 함께 임신에 대한 계획을 세우는 일은 많으나, 자녀를 어떻게 양육해 나갈 것인지에 대해 나누는 경우는 드뭅니다. 조별 나눔 시간에 자녀관을 체크하고, 나온 결과에 대한 서로의 생각을 공유해 보세요.

1. 가정별로 자녀 DISC 진단 결과를 나누어 보세요.

2. 어린 시절 자신이 자녀였을 때를 떠올리며 자녀 DISC 결과와의 연관성을 공유해 보세요 (왜 이런 결과가 나왔는지는 본인이 가장 잘 알 것입니다).

3. 부부간에 차이가 있다면, 그 차이에 대해서 어떻게 생각하는지 나누어 보세요.

간단하고 일상적인 내용 같지만, 나누다 보면 서로에 대해 모르는 부분이 많았음을 발견하게 됩니다. 대화의 내용과 나눔이 깊어지도록 적극적으로 참여하도록 격려해 주세요. 2주 차, 3주 차에는 더욱 진정성 있는 대화를 하게 될 것입니다. 대화는 관계의 깊이를 좌우합니다. 서로에 대해 더욱 많이 알아 갈 수 있도록 권면해 주세요.

● 자녀관 UP ●

적용 1 **자녀 기도문을 작성해 보세요. 그리고 배우자와 함께 이렇게 말해 보세요.**
"이런 자녀로 성장시켜 나가기 위해서 함께 기도하며 노력해요."

적용 2 **배우자가 자녀였을 때 기뻤던 일에 대해 나누어 보세요.**

a. 그때 당신의 마음은 어땠어요?

b. 그래서 어떻게 행동했어요?

적용 3 **배우자가 자녀였을 때 힘들었던 일에 대해 나누어 보세요.**

a. 그때 당신의 마음은 어땠어요?

b. 그래서 어떻게 행동했어요?

적용 4 **배우자가 스스로 대견하다고 느꼈던 경험을 나누어 보세요.**

자녀를 어떻게 양육해 나갈지 부부가 함께 대화해 보셨나요?
자녀 DISC 진단을 체크해 보면서 양육의 방향을 함께 이야기해 보세요.

자녀 DISC 진단

나의 자녀가 성장하였을 때 어떤 모습이 되길 원하는지 엄마는 M, 아빠는 F에 항목별로 A, B, C, D 중 하나를 체크하세요. 그러고 나서 다음 페이지에 있는 표를 이용해 집계하여 원하는 자녀 유형의 결과를 확인하세요.

	상황	A	B	C	D	F	M	P
1	어려움에 대해	인내하는	밀어붙이는	꼼꼼한	표현을 잘하는			
2	자신의 미래에 대해	도전, 개척적인	상황을 분석하는	흥미에 관심 있는	무엇이든 만족하는			
3	일이 주어지면	기꺼이 하는	활기차게 하는	대담한	완벽하게 하려 하는			
4	갈등 상황에서	논쟁을 좋아하는	의논을 좋아하는	주저하는	감정을 표현하는			
5	웃어른들을 대할 때	공손한	상냥한	참을성 있는	무서움을 모르는			
6	부모님께 의견을 말할 때	설득력 있는	독립심이 강한	논리적인	온화한			
7	모임에 대해서	신중하게 검토하는	웬만하면 참여하는	호불호가 분명한	모임을 좋아하는			
8	친구들과 관계에 있어서	인기 있는	소신 있는	분위기를 맞추는	빈틈없는			
9	감정적인 면	변화가 많은	수줍음을 타는	느긋한	완고한			
10	삶의 태도	체계적인	낙관적인	의지가 강한	사람에 맞추는			
11	사람을 대할 때	엄격한	겸손한	상냥한	말주변이 좋은			
12	친구들과 일할 때	호의적인	빈틈없이 하려 하는	분위기를 만드는	의지가 강한			
13	새로운 과제에 대해	참신하게 받아들이는	모험적인	인내하며 하는	신중하게 분석하는			
14	어려운 일을 대할 때	참는	성실하게 해내는	공격적인	기대하는			
15	문제가 생겼을 때	해결에 나서는	분석적인	동정심이 많은	단호한			
16	리더십	지도력 있는	충동적인	느린	비판적인			
17	사람에게 비치는 일하는 모습이	일관성 있는	영향력 있는	생기 있는	느긋한			
18	대인 관계	사람을 잘 사귀는	친절한	독립적인	정돈된			
19	사람에게 비치는 성품이	이상주의적인	평판이 좋은	쾌활한	솔직한			
20	하기 싫은 일을 대할 때	참을성 없는	진지한	미루는	감성적인			
21	일을 대하는 태도	경쟁심이 있는	자발적인	충성스러운	생각이 깊은			
22	지시에 대해	희생적인	이해심 많은	설득력 있는	용기 있는			
23	감정 조절	의존적인	변덕스러운	인내 있는	밀어붙이는			
24	어려운 상황에 대해	포용력 있는	과거를 생각하는	사람들과 어울리는	이끌어 가는			

* 본 자료는 DISC 행동유형 분석지를 기초한 자료입니다.

구분	주도형	친화형	안정형	신중형
1	B	D	A	C
2	A	C	D	B
3	C	B	A	D
4	A	D	C	B
5	D	B	C	A
6	B	A	D	C
7	C	D	B	A
8	B	A	D	C
9	D	A	C	B
10	C	B	D	A
11	A	D	C	B
12	D	C	A	B
13	B	A	D	C
14	C	D	B	A
15	D	A	C	B
16	A	B	C	D
17	B	C	D	A
18	C	A	B	D
19	D	B	C	A
20	A	D	C	B
21	A	B	C	D
22	D	C	B	A
23	D	B	A	C
24	D	C	A	B
집계	( )개	( )개	( )개	( )개

* 본 자료는 DISC 행동유형 분석지를 기초한 자료입니다.

자녀를 어떤 유형으로 키우고 싶은지에 대한 결과가 나왔습니다. 결과 점검이 각각 끝났으면 아내와 남편이 체크한 항목을 하나씩 비교해 보세요. 각각 자녀 양육에 대한 관점이 항목별로 차이가 있음이 확인될 것입니다. 이제 두 사람은 대화를 시작해 보세요. 각각의 항목을 체크한 이유가 자신이 자녀였던 시절에 느꼈던 감정에서 비롯된 것이 많다는 것을 알게 될 것입니다. 왜 자녀를 그렇게 키우고 싶은지 깊게 나눌 때 서로를 이해하는 폭이 깊어질 것입니다. 이제 대화를 통해 진단지의 P(Parents) 칸을 채워 보세요. 미래의 자녀에 대한 양육 태도를 맞추어 갈 수 있을 것입니다.

과제 II   자녀 희망 유형 진단

1. 배우자와 차이가 있는 항목에 대해 어린 시절 성장 배경을 중심으로 자신의 입장과 이유를 나누어 보세요.

2. 배우자에 대해 새롭게 알게 된 점을 중심으로 소감을 적어 보세요.

3. 서로 마음을 합하여 P(Parents) 칸을 채워 보세요.

4. 각자 감당할 역할을 적어 보세요.

4

재정 관리의 지혜

"하나님이 능히 모든 은혜를 너희에게 넘치게 하시나니
이는 너희로 모든 일에 항상 모든 것이 넉넉하여
모든 착한 일을 넘치게 하려 하심이라"
고린도후서 9:8

"여호와는 나의 목자시니 내게 부족함이 없으리로다"(시 23:1). 다윗의 고백이다. 다윗은 인생 가운데 큰 어려움을 겪던 노년 시기에 이 시를 썼다. 다윗은 아들 압살롬의 반역으로 인해 쫓기는 신세였다. 평안해야 할 노년에 사랑하는 아들에게 쫓기는 상황은 말로 표현할 수 없을 만큼 괴로웠을 것이다. 그런데 이때 다윗은 "내게 부족함이 없으리로다"라고 고백했다. 여기서 '부족함이 없다'라는 말은 '모든 것을 다 가졌다'라는 말과 일맥상통한다. 영어 성경에는 "I have everything I need"라고 기록되어 있는데, 이는 "내게 필요한 모든 것이 있다"라는 뜻이다.

다윗은 비참한 상황에서 이러한 고백을 하나님께 올려 드린 것이다. 또한 이어서 "주께서 내 원수의 목전에서 내게 상을 차려 주시고 기름을 내 머리에 부으셨으니 내 잔이 넘치나이다"(시 23:5)라고 고백한다. 우리의 삶 가운데도 똑같은 고백이 있기를 기도한다.

오늘날 많은 가정과 개인이 돈의 위력 앞에 무릎을 꿇고 노예로 살아가고 있습니다. 하나님이 이 세상 물질의 주인이십니다. 하나님께서 원하시는 재정 관리를 구체적으로 그려 보고 깊이 생각해 보고자 합니다.

신혼 생활을 시작할 때 재정 관리에 대해 깊이 논의하고 계획을 세우는 것이 당연한 것 같지만 그렇지 않은 가정이 많습니다. 심지어 배우자의 수입과 지출에 관여하지 않는 것이 쿨한 배우자라고 생각하는 가정이 많습니다. 그러나 이러한 현상은 성경적이지 않습니다. 둘이 연합하여 한 몸을 이루라는 주님의 명령 속에는 재정의 연합도 포함되어 있습니다. 성경은 돈에 대한 말씀을 믿음에 대한 말씀만큼이나 많이 하셨습니다. 돈의 사용이 삶에서 그만큼 중요한 부분이라는 것입니다. 따라서 재정은 부부가 함께 나누며 관리해 가는 것이 당연함을 알게 합니다.

1. 성경적 재정 원칙과 교훈

부모님의 가정 경제 운영 방식은 새로운 가정에서 각자가 가지는 경제 운영 방식의 기준이 될 수 있습니다. 그런 모습을 보며 성장하였기 때문에 자연스럽게 부모님의 경제 운영 방식을 모델링을 하게 됩니다. 여기서 우리는 두 가지 관점을 고려해야 합니다. 첫째, 새로운 가정을 세워 가는 두 사람에게 새로운 관점이 필요합니다. 둘째, 지금 가진 재정관이 하나님이 주신 성경적 재정관인지를 점검해야 합니다.

하나님의 속성

> "하나님이 능히 모든 은혜를 너희에게 넘치게 하시나니 이는 너희로 모든 일에 항상 모든 것이 넉넉하여 모든 착한 일을 넘치게 하려 하심이라"(고후 9:8)

하나님의 자녀로 살아가는 우리에게 이 말씀이 평생토록 삶의 의지와 힘이 되길 바랍니다. 위의 말씀은 하나님의 속성에 대해 명확하게 네 가지로 설명합니다.

1) 하나님의 전능하심
하나님께는 예외가 없습니다. 하나님은 모든 것을 다 주관하시고, 모든 것을 다 다스리시고, 만든 분이십니다. 나의 어떤 문제도 하나님이 감당하지 못하실 것이 없습니다. 하나님의 전능하심을 기억하십시오.

2) 하나님의 부요하심

짧은 문장 속에서 '넘치게', '넉넉하여'와 같은 표현을 통해 하나님의 부요하심의 속성이 정확히 드러납니다. 이처럼 부요하신 분이 나의 아버지이십니다.

3) 하나님의 선하심

'은혜', '착한 일'이라는 표현 속에서 우리는 하나님의 선하심을 알 수 있습니다. '선한 목자'(요 10:11)가 되시는 그분이 지금도 우리를 선하게 이끌고 계십니다.

4) 하나님의 신실하심

하나님은 '항상' 같은 모습으로 약속을 이루시며 선하심으로 우리를 채우십니다. 그리고 언제나 동일하게 우리를 지키십니다. 변함도 없으시고 회전하는 그림자도 없는 분이십니다(약 1:17).

하나님의 관심

1. 성경에 보면 재정과 관련된 구절은 (   )개
2. 예수님의 설교에 등장하는 예화 중 '돈'과 직간접으로 관련이 있는 내용은 전체 설교 말씀의 (   )%
3. 예수님이 찾으시는 것은 우리의 (   )이 아니라 우리의 (   )이다.

믿음과 구원에 대해서는 각각 200번 정도, 죄에 대해서 1,000번 정도 언급합니다. 사랑에 대해서는 700번 언급하고 있습니다. 재정에 관해서는 믿음과 구원보다도 훨씬 더 많이 언급하십니다. 예수님은 돈에 관심이 많으십니다. 우리의 삶 가운데 돈이 차치하는 비중이 그만큼 크기 때문입니다. 과부의 두 렙돈을 칭찬하셨던 예수님은 과부의 마음에 관심이 있으셨습니다. 돈을 통해 우리의 마음이 어디를 향하고 있는지 보고 계십니다.

성경적 재정 관리 원칙

성경적인 재정 관리 원칙은 크게 두 가지, 'Lordship'과 'Stewardship'입니다. 성경적으로 우리의 삶 가운데서 적용해야 하는 매우 중요한 원칙입니다.

1) Lordship - 주권

모든 영역에서, 우리 가정의 재정 문제, 재산 문제, 매일매일 내 지갑을 열고, 내 신용카드를 사용하는 그 모든 일에 있어서 하나님의 하나님 되심을 인식하는 것이 우리가 첫

번째로 지켜야 할 원칙입니다.

2) Stewardship - 관리

살아가면서 우리에게 공급되는 모든 것은 하나님께서 우리에게 맡기신 것입니다. 이 땅에 사는 동안 하나님의 것을 관리하는 청지기임을 잊지 마십시오.

어떤 이에게 돈은 나쁘고, 악한, 심술궂은 주인일 수 있지만, 어떤 이에게는 아주 착한 종일 수 있습니다. 성경적인 재정 원칙을 가진 이에게는 후자가 될 것입니다. 이 땅에서 많이 벌어서 소유하는 것은 중요하지 않습니다. 땀 흘려 번 물질을 누리고 더 나아가 나누는 것이 성경적 재정 실천의 모습입니다.

맘몬(Mammon)의 존재

1) 성경에서 말하는 맘몬의 위치

'맘몬'은 성경에서 돈, 혹은 재물로 번역된 단어 맘모니쉬(Mammonish)로 오늘날 황금만능주의를 뜻하는 맘모니즘이(Mammonism)의 어원입니다. 성경은 맘몬을 유일하게 하나님과 맞결투를 하는 존재로 강력하게 묘사합니다.

> "한 사람이 두 주인을 섬기지 못할 것이니 혹 이를 미워하고 저를 사랑하거나 혹 이를 중히 여기고 저를 경히 여김이라 너희가 하나님과 재물을 겸하여 섬기지 못하느니라"(마 6:24)

결국 하나님을 섬기고 경배하느냐, 맘몬을 섬기고 경배하느냐의 싸움입니다. 우리는 영적 전쟁을 수행하며 두 마음을 품을 수 없다는 것을 명확히 인식해야 합니다. 내가 무엇을 섬기고 있는지, 무엇을 의지하고 있는지 점검해 보십시오.

2) 맘몬이 하는 일과 목적

• **하나님을 떠나 불의와 결탁하게 만듭니다.**

믿음에서 떠나게 하며 하나님과의 사이를 이간질하는 것이 맘몬이 하는 일입니다.

> "돈을 사랑함이 일만 악의 뿌리가 되나니 이것을 탐내는 자들은 미혹을 받아 믿음에서 떠나 많은 근심으로써 자기를 찔렀도다"(딤전 6:10)

3) 맘몬의 두 가지 전략

• **속이는 것**

'돈에 권세가 있다', '돈이 힘이다', '돈이 행복의 원천이다'라고 속입니다. '돈이 모든 것을 해결해 준다'고도 말합니다. 또한 '너의 돈은 모두 너의 것이다. 마음껏 사용해라',

'관계 속에서도 돈은 철저하게 따져야 한다', '가까운 사람과 돈거래는 관계를 망치는 길이다' 등 이러한 말들로 돈을 철저하게 의지하게 만들고 나누고 흘려 보내는 것을 봉쇄합니다.

- 두려움을 갖게 만드는 것

  "노동자는 먹는 것이 많든지 적든지 잠을 달게 자거니와 부자는 그 부요함 때문에 자지 못하느니라"(전 5:12)

부족한 자에게는 돈에 대한 두려움을 심습니다. 어떻게 해서든지 돈에 혈안이 되게 하고, 권모술수를 쓰더라도 돈은 모아야 한다는 생각을 넣어 줍니다. 반면, 가진 자에게는 상실에 대한 두려움을 줍니다. 돈을 더 움켜쥐게 만들고 흘려 보내지 못하게 만듭니다.

4) 맘몬의 속임수

- 하나님보다 (   )이 중요하다.
- (   )이 행복의 원천이다.
- (   )이 모든 것의 해결책이다.
- 네가 가진 (   )은 네 것이다.
- (   ) 문제는 철저하게 따지라.

맘몬(돈, 탐욕)에 속은 성경 인물들

성경에는 돈 때문에 망가진 사람들의 이야기가 나옵니다.

1) 부자와 나사로(누가복음 16:19~25)

성경에는 부자와 나사로 이야기가 있습니다. 부자는 날마다 호화롭게 고운 베옷과 자색 옷을 입고 잔치를 하면서 삽니다. 나사로는 그 집 문간에서 나온 부스러기를 먹고, 개가 상처를 핥는 비참한 생활을 합니다. 둘 다 똑같이 죽는데 나사로는 죽어서 아브라함 품에 안기고, 부자는 지옥에서 한 방울의 물을 갈구하는 비참한 신세가 됩니다.

"이것을 기억하라 이제 그는 여기서 위로를 받고 너는 괴로움을 받느니라"(눅 16:25b)

부자의 죄목 & 이 비유의 교훈

___

___

"먼저 그의 나라와 그의 의를 구하라 그리하면 이 모든 것을 너희에게 더하시리라"(마 6:33)

이 말씀 앞에는 "무엇을 먹을까 무엇을 마실까 염려하지 말라"(31절)고 기록되어 있습니다. 하나님께서는 먹을 것, 마실 것, 입을 것을 준다고 말씀하셨습니다. 그런데 많은 사람이 내일을 위한 '만나'를 모으는 일에 온 힘을 쏟습니다. 주시는 것을 그냥 욕심대로 모읍니다. 결국에는 그 만나가 썩고 벌레 먹는 것을 보게 됩니다. 우리 인생의 목표가 만나를 모으는 데 있어서는 안 됩니다. 하나님이 그때그때 우리의 필요를 위해 공급하신다는 믿음이 있어야 합니다.

2) 아나니아와 삽비라 (사도행전 4:33~5:5)

아나니아와 삽비라는 하나님의 은혜를 경험했던 사람들입니다. 구원의 감격 또한 있었습니다. 아나니아와 삽비라는 많은 사람이 사도들 앞에 자신들의 소유를 팔아 하나님께 드리는 모습을 보며 감동을 받았고, 자신들도 밭을 팔아 하나님 앞에 바치겠다고 서원합니다. 그러나 가는 도중에 사탄이 그의 마음에 들어가 역사했습니다. 아마도 "이걸 꼭 다 드려야 될까? 너무 큰 돈인데?", "네 것은 좀 챙겨야지, 조금 빼고 드려도 충분해. 아무도 몰라" 이런 속삭임이 있었을 겁니다. 성령이 충만한 사람으로 보이고도 싶은 마음 이면에 돈에 대한 욕심이 사라지지 않았습니다. 그들은 결국 성령과 사탄 중 누구의 음성을 따랐습니까?

> "땅이 그대로 있을 때에는 네 땅이 아니며 판 후에도 네 마음대로 할 수가 없더냐 어찌하여 이 일을 네 마음에 두었느냐 사람에게 거짓말한 것이 아니요 하나님께로다" (행 5:4)

돈을 어떻게 사용하는가는 하나님께서 눈여겨보시며 마음을 살피시는 매우 중요한 일입니다. 돈을 사용함에 있어서 부부가 합의하는 것이 매우 중요한데, 합의의 결과는 가정이 어떤 모습으로 하나님 앞에 서는 것인지가 드러나는 중요한 사안입니다. 돈을 주인으로 삼으면 돈의 지배를 받을 수밖에 없습니다. 모든 재물과 복은 하나님께로부터 옵니다. 하나님께서 주신 축복을 섬기며 흘려 보내는 일에 대해 합의하시기 바랍니다.

3) 부자 청년(마가복음 10:17~22)

"예수께서 그를 보시고 사랑하사 이르시되 네게 아직도 한 가지 부족한 것이 있으니 가서 네게 있는 것을 다 팔아 가난한 자들에게 주라 그리하면 하늘에서 보화가 네게 있으리라 그리고 와서 나를 따르라 하시니"(막 10:21)

이 청년의 죄목과 얻게 된 교훈

_____
_____
_____

2. 성경적인 삶의 모습

청지기(Steward)

하나님께서는 충성되고 선한 청지기를 찾고 계십니다.

"지혜 있고 진실한 청지기가 되어 주인에게 그 집 종들을 맡아 때를 따라 양식을 나누어 줄 자가 누구냐"(눅 12:42)

1) 청지기에게 주시는 것들

하나님은 우리를 청지기로 세우셨습니다. 청지기는 주인이 아닙니다. 주인께서 청지기에게 일을 맡기시면서 주시는 것이 있습니다.

___

주님이 맡기신 일을 열심히 감당하며 충성된 종으로 성장해 나갈 때, 그분은 우리에게 더 큰 일을 맡기시기 위해 기회를 주십니다. 모든 것이 하나님께로부터 오는 것임을 깨닫고 준비된 모습으로 기회를 맞이하는 사람은 복됩니다.

> "하나님이 능히 모든 은혜를 너희에게 넘치게 하시나니 이는 너희로 모든 일에 항상 모든 것이 넉넉하여 모든 착한 일을 넘치게 하려 하심이라"(고후 9:8)

고린도후서 9장 8절 말씀의 마지막 "모든 착한 일을 넘치게 하려 하심이라"에 집중해야 합니다. 하나님은 각 개인이 구체적으로 무엇으로 어떻게 살아가야 하는지를 말씀해 주셨습니다. '착한 일'을 감당할 때에 필요한 일과 물질을 넉넉하게 주시는 분이심을 믿으십시오.

2) 깨끗한 부자 되기

믿음, 신뢰, 순종 이 세 가지 요소는 이 땅에서 청지기로 살아가는 우리가 잊지 않아야 할 중요한 덕목입니다. 깨끗한 부자는 순종을 통해 세워집니다. 맡기신 일에 충성스럽게 순종할 때 그 손이 행하는 대로 받게 되리라 선포하셨습니다.

> "사람은 입의 열매로 말미암아 복록에 족하며 그 손이 행하는 대로 자기가 받느니라"
> (잠 12:14)

깨끗한 부자가 되는 비결이 이 말씀 속에 있습니다.

첫째, 입의 열매, 다시 말하면 믿음의 고백이 있어야 합니다.

둘째, 구체적인 수고를 하는 것입니다. "그 손이 행하는 대로 자기가 받느니라." 고백과 순종, 그래서 믿음이란 약속에 대한 신뢰와 순종의 행실을 곱하는 것입니다. 하나님의 약속은 더하기가 아니라 곱하기입니다. 하나님은 선한 주인이시기에 작은 순종의 결실을 갑절이나 더해 주십니다. 하지만 아무것도 행하지 않으면서 하나님이 주시기만을 기다리고 있다면 하나님은 나를 통해 일하시지 않습니다. 우리의 삶을 통해 하나님의 선하심을 알리고 하나님 나라를 확장해 나가길 원하시는 주님은 악하고 게으른 종이라고 핀잔하실 것입니다.

청지기의 충성 원리

- (　　　　　　　　)을 낭비하지 말라.
- (　　　　　　　)에 충성하라.

주님이 우리에게 오셔서 "네가 하던 일을 셈해 볼까?" 하고 말씀하시는 날, 청지기의 삶을 충실하게 살아 낸 사람은 '착하고 충성된 종'이라고 칭찬을 받을 것입니다. 주님 앞에 충성스러운 청지기로서 자랑스럽게 보고하시길 바랍니다.

부채에 대한 관점

"부자는 가난한 자를 주관하고 빚진 자는 채주의 종이 되느니라"(잠 22:7)

1) 참조 틀(Frame of Refrence)

"너희는 이 세대를 본받지 말고 오직 마음을 새롭게 함으로 변화를 받아 하나님의 선하시고 기뻐하시고 온전하신 뜻이 무엇인지 분별하도록 하라"(롬 12:2)

이 세대를 본받지 말라고 하는 말씀을 통해서 '참조 틀'의 개념을 살펴봅시다. 참조 틀은 살아가는 데 참고하고 있는 기준을 말합니다. 우리 가정의 경제 생활, 재정 관리에 있어서 어떤 것을 기준으로 삼고 관리하며 돈을 사용하는가에 따라 돈의 흐름은 다르게 나타납니다. 성경 말씀은 참조의 틀을 이 세대를 본받는 것에 두지 말라고 말씀하십니다. 많은 청년 세대, 젊은 부부가 화려한 세상의 허세와 싸워야 하는 시대가 되었습니다. 인스타그램, 페이스북, 트위터 등 수많은 SNS를 통해 보이는 것들은 생각을 지배하며 허세를 조장합니다. 좋은 것을 누리며 살고 싶은 욕구, 자랑하고 싶은 욕구들을 불러일으킵니다. 이러한 세상의 자랑을 참조의 틀로 둘 것이 아니라 청지기의 마음으로 참조의 틀을 낮춰야 합니다.

2) 신용카드 사용

빚을 진다는 것은 빚의 종이 됨을 의미합니다. 빚이 늘어갈 때는 열심히 일한 것을 돈을 빌려준 채주에게 빼앗기는 삶을 살겠다는 결단과도 같습니다.

> **〈사례〉 참깨교실 참여 가정 중 재정 관리 사례**
>
> 저희는 일단 빚이라면 집에 채무가 있습니다. 매월 원금을 200만 원씩 갚고 있습니다. 나머지 저축은 각자 하고, 형편에 맞춰서 헌금을 떼어 놓은 다음에 돈을 쓰고 있습니다. 저 같은 경우에는 저축을 먼저하고, 나머지 금액으로 생활을 해요. 그다음에 남으면 또 저축을 합니다. 지금은 재정 관리를 각자 하고 있는데, 이제 합쳐서 관리하는 방법을 배우고 실천하려고 합니다.

3) 닫힌 원의 삶

닫힌 원과 열린 원의 원리를 살펴봅시다. 닫힌 원의 삶은 지출을 고정하는 것입니다. 100만 원의 수입이 있는데 한 달 생활 규모를 따져보니 80만 원은 필수로 지출해야 하는 액수라고 하면, 80만 원을 고정 지출로 정하고 남은 돈에 대해서는 닫아 놓는 것입니다. 고정 지출은 헌금, 부채를 갚는 것, 세금, 저축과 경조사 등 예비비까지 모두 포함해야 합니다. 그리고 남은 20만 원은 흘려 보내는 것입니다, 다른 사람들을 위해 돕고 구제하는 일에 사용합니다.

생활 규모에 변경이 생길 경우는 부부가 합의하여 닫힌 원의 크기를 조정합니다. 다른 사람을 돕는 일에 인색하지 않아야 합니다. 하나님이 우리에게 인색하지 않게 베풀어 주셨음을 기억하십시오. 많은 사람이 예상보다 더 많은 수입이 생기면, 그만큼 써 버립니다. 그러나 닫힌 원의 원칙대로 사는 사람은, 임시로 수입이 늘어도 지출을 늘리지 않습니다. 그 대신 다른 사람들을 위해 쓰는 액수가 늘어갑니다. 이런 삶을 사는 사람들은 평안하고 행복합니다. 하나님은 우리를 다른 사람을 돕고 선을 나눌 때 행복을 느끼게 창조하셨기 때문입니다.

---

3. 재정의 연합

혼전 재산 분할 계약

이것은 만약 이혼을 한다면, 결혼 전에 갖고 있던 재산의 소유권은 나누지 않겠다는 계약을 맺고 결혼하는 것입니다. 엄밀하게 말한다면 이것은 이혼계약서와도 같습니다. 결혼과 동시에 이혼을 대비하는 계약입니다.

재정의 연합을 방해하는 영적·문화적 공격들

• 결혼하면서 이혼을 대비하는 부부들

결혼을 하면서 이혼을 대비하는 부부가 늘어갑니다. 가장 두드러지게 나타나는 현상이 있습니다. 또한 배우자의 수입과 지출을 관여하지 않고 각자 재정을 관리하는 가정이 늘어가고 있습니다. 이것은 만약을 대비하고 배수의 진을 치는 것과 같습니다. 재정을 합하여 생활의 규모를 함께 의논하고 결정하여 닫힌 원의 원칙대로 관리해 나가십시오.

1) 서로를 신뢰하지 못하는 부부들

현대 사회에서는 대부분의 부부가 맞벌이를 합니다. 그렇다 보니, 열심히 일한 대가가 합해지는 것을 주저합니다. 이런 현상은 부부 사이의 신뢰가 약하기 때문입니다. 서로를 신뢰하며 의논하되, 가정에서 돈을 관리하는 일은 재정 관리에 달란트가 더 많은 사람이 하도록 합니다. 관리는 한 사람이 맡아서 하지만, 늘 의논하고 서로 배우자가 모르는 재정을 갖지 않도록 공개하며 살아갑니다.

2) 결혼 전 굳어진 경제 관념(소비와 저축 습관)

반드시 해야만 하는 의무, 원하는 것, 필요한 것, 이 세 가지를 잘 조합하여 얼마면 살 수 있는가를 계산해 보십시오. 그 전에 점검해야 하는 것이 결혼 전 빚과 저축입니다. 이것조차도 합하여 갚아야 할 것이 있다면 빚을 갚는 것을 근거로 가정 경제를 의논하십시오. 빚이 있음에도 지출에 집중한다면 평생을 빚의 노예로 살아가게 됩니다.

통장 합치기와 통장 쪼개기

1) 배우자가 모르는 비자금과 적금 통장은?

어려움을 당했을 때 배우자가 비자금을 내놓는다면 어떨 것 같습니까? 비자금을 내놓은 행위가 지혜롭다고 생각한다면 다시 한번 성경적 하나 됨의 원리를 묵상해야 합니다. 사람은 죄성을 가지고 있습니다. 같은 일을 경험할 때, 마음속에 다시 한번 기대를 하게 됩니다. 기대한다는 것은, 기대와 다른 상황을 맞이했을 때 실망할 가능성을 동시에 가집니다. 돈을 저축하고 관리하는 과정에는 부부가 열린 마음과 상황을 토대로 의논하며 나아가야 합니다.

2) 빚을 갚는 것과 저축에서 시간의 힘을 믿으라.
빚지지 마십시오. 그리고 빚이 있다면 갚는 것에 집중하십시오. 빚은 갚을 수 있습니다.

3) 보증과 투자는 반드시 부부가 의논하여 결정한다.
통장을 합쳐야 합니다. 그것이 부채이든, 재산이든, 반드시 합쳐야 온전한 부부의 연합입니다. 통장을 합치고, 합친 다음에 항목별로 쪼개야 합니다. 헌금·기부 통장, 생활비, 저축, 경조사, 예비비 등을 나눠서 관리하십시오. 닫힌 원의 삶을 살 수 있는 가장 지혜로운 방법입니다.

4. 헌금

- 하나님을 나의 공급자로 믿는 믿음의 표현입니다.

- 하나님을 내 삶의 주인으로 선포하는 영적 전쟁입니다.

- 더해서 받을 것을 기대하면서 하는 투자가 아닙니다.

- '양'보다 '비율', 그리고 '태도'입니다.

- 탐욕의 노예가 되지 않게 하시는 하나님의 은혜입니다.

"화 있을진저 외식하는 서기관들과 바리새인들이여 너희가 박하와 회향과 근채의 십일조는 드리되 율법의 더 중한 바 정의와 긍휼과 믿음은 버렸도다 그러나 이것도 행하고 저것도 버리지 말아야 할지니라"(마 23:23)

어떤 사람은 십일조를 드리는 것을 10m 높이에서 뛰어내리는 라펠 훈련에 비유합니다. 10m는 인간이 느낄 수 있는 가장 최고의 공포라고 합니다. 자신의 수입에서 1/10을 떼어 드리는 마음의 깊은 곳에 두려움이 있다는 것입니다. 이렇게 매달 바치면 부족할 것 같고 망할 것 같은 공포심입니다.

다가오는 두려움을 이기며 십일조 생활을 결단하는 것은 하나님이 우리의 주인이심을 고백하는 일입니다. 스스로 청지기임을 고백하는 것이며, 맘몬의 영이 내 삶에 끼어들 수 없음을 선포하는 것입니다.

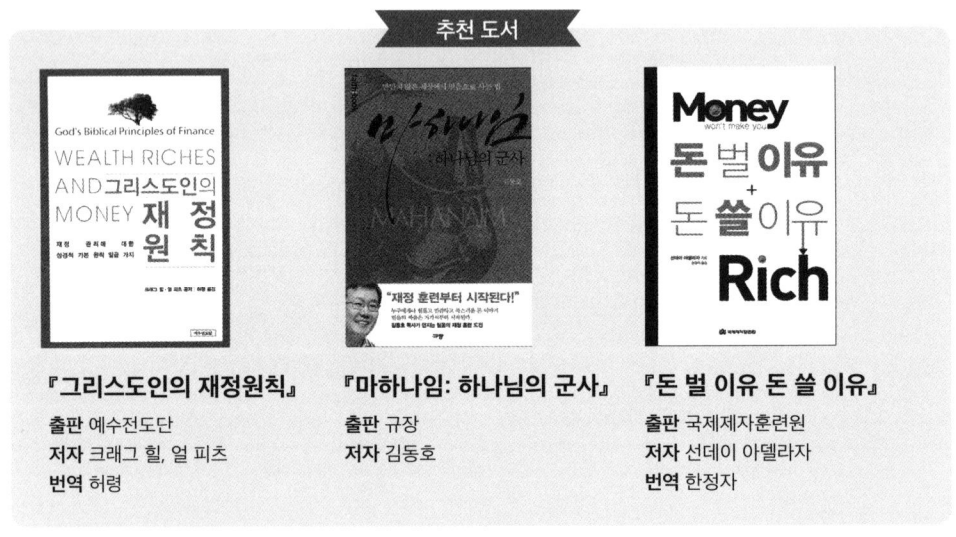

"공중의 새를 보라 심지도 않고 거두지도 않고 창고에 모아들이지도 아니하되 너희 하늘 아버지께서 기르시나니 너희는 이것들보다 귀하지 아니하냐"(마 6:26)

하나님은 "너희는 이것들보다 귀하지 아니하냐"라고 말씀하십니다. 하나님의 자녀는 망하지 않습니다. 세상의 속이는 말에 두려워하지 말고, 부요하시고 신실하신 하나님이 아버지이심을 신뢰하며 그분에게 우리의 삶을 맡겨 드립시다.

| 참깨교실 약속 | 부부로서 평생 약속을 합시다.

주님을 신뢰하고, 서로를 신뢰하며 선한 청지기로 살아갑시다.

MUST-DO 일심동체는 재정 합체부터!

이 말은 하나님의 자녀로 살아가기 위한 신실한 약속입니다.

조별 나눔

1. 하나님께서 우리 가정에 필요한 모든 것의 공급자 되심을 어떻게 알 수 있나요?
   부부가 함께 붙들고 기도하는 약속의 말씀이 있다면 나누어 보세요.

   하나님의 공급하심을 경험한 일이 있다면 나누어 보세요.

2. 우리 부부의 경제관은 어느 부분에서 일치하고 어느 부분에서 상이한가요?
   ex. 노동에 대한 생각, 경제의 주도권, 저축과 소비 습관 등

3. 다음의 예시를 봐 주세요. 다음 중 당신이 살고 싶은 세상은 어떤 것인가요?
   세상 A: 우리집 연수입 6,000만원 / 다른 집 연수입 8,000만원
   세상 B: 우리집 연수입 4,000만원 / 다른 집 연수입 3,000만원

   세상 A: 내 휴가 4주 / 다른 사람 휴가 6주
   세상 B: 내 휴가 2주 / 다른 사람 휴가 1주

4. 우리 가정이 닫힌 원의 삶을 살기 위해 가장 시급하다고 생각하는 것은 무엇인가요?

5. 당신에게 하늘에 속한 예금 통장이 있다면 어떤 것일까요?

● 재정관 UP ●

적용 1 특별한 사정이 없으면, 한 배우자의 수입만으로 예산안을 세워 보세요. 상대 배우자에게 수입이 있더라도 한 배우자의 수입만으로 생활을 꾸려 갈 수 있어야 합니다. 그래야 혹시 아내 혹은 남편이 일을 그만두게 되더라도 재정에 큰 무리가 따르지 않습니다.

적용 2 월급 생활자가 아닌 경우에는 가능한 월급 생활자처럼 매월 일정액을 가정 월수입으로 책정하고 초과된 달에도 지출을 늘리지 않고 적은 달에 보충할 수 있도록 조율해 보세요.

적용 3 각자 가진 저축이나 부채를 투명하게 밝혀 보세요.

적용 4 저축 계획 : 부부가 저축에 대해 어느 정도 비율을 고정 저축으로 책정할지 의논해 봅니다.

1) 일반적으로 전체 수입의 (   )%를 저축해야 미래를 위한 준비가 된다.

2) 최소한 (   )%는 수입 자체가 없다고 가정하고 예산을 세우도록 한다.

부부가 돈의 의미에 대해 서로 생각이 다르면 갈등을 겪기 쉽습니다. 각자가 돈에 대해 어떤 의미를 부여하고 있는지 점검하고 생각을 나누어 보세요.

돈의 의미

아래의 문장을 읽고 빈칸에 1~5의 점수를 써 보십시오.

1: 전혀 그렇지 않다, 2: 그렇지 않다, 3: 보통이다, 4: 그렇다, 5: 매우 그렇다

번호	문항	점수
1	나는 재정적으로 성공한 사람을 매우 존경한다.	
2	고액의 상품을 구입할 때, 다른 사람이 내가 구입한 상품을 어떻게 평가할지 중요하게 생각한다.	
3	명품, 고급 품질의 물건은 나를 돋보이게 한다.	
4	나의 생활 수준을 주변 사람들과 비슷하거나 더 높게 유지해야만 한다.	
5	통장에 여윳돈이 있느냐가 중요하며, 잠시라도 없으면 매우 불안하다.	
6	새 물건을 구입하는 것보다 은행에 여윳돈을 비축해 두는 것이 낫다.	
7	나는 위험이 있더라도 높은 수익을 가져다주는 투자가 적절한 수입의 안전한 투자보다 가치 있다고 생각한다.	
8	나는 청구서를 받았을 때, 지불할 돈이 충분하면 안심이 된다.	
9	나는 쇼핑하고 새 물건을 사는 것이 정말 즐겁다.	
10	돈이 많은 사람은 삶이 더 즐거울 것이다.	
11	나는 나 자신과 다른 사람에게 돈 쓰기를 즐긴다.	
12	돈으로 행복을 살 수는 없지만, 돈은 행복하게 사는 데 도움이 된다.	
13	돈주머니를 맡은 사람에게 힘이 있다.	
14	부부 공동 계좌에 수입을 다 넣는 것은 위험하다.	
15	돈의 중요한 혜택 중 하나는 다른 사람들에게 영향력을 행사하는 능력에 있다.	
16	나는 각자가 번 돈을 각각 관리해야 한다고 생각한다.	

* 본 진단지는 Prepare_Enrich 공식상담사 워크북에서 기초한 자료입니다.

채점과 해석 : 4문항씩 4영역으로 구분하여 각 영역의 점수를 합한 후, 돈에 대한 자신의 성향을 평가해 보십시오

영역	항목	점수	점수 해석 / 성향
지위로서의 돈	1~4번		
안전으로서의 돈	5~8번		
즐거움으로서의 돈	9~12번		
자립으로서의 돈	13~16번		

각 점수의 범위는 4~20점이며, 점수가 높을수록 그 영역을 추구하는 성향이 높음을 의미합니다.

5
친밀한 성의 지혜

"그러므로 사람이 부모를 떠나 그의 아내와 합하여
그 둘이 한 육체가 될지니 이 비밀이 크도다
나는 그리스도와 교회에 대하여 말하노라"
에베소서 5:31~32

부부간에 이런저런 이유로 성생활에 소극적인 사람들이 점점 늘고 있다. 믿음의 조상이며 복의 근원이었던 아브라함의 성생활을 돌아보면 매우 흥미롭다. 하나님 앞에서 묵묵히 순종하는 삶을 살아온 아브라함의 여정 속에서 유독 사라에 대한 아브라함의 애정은 성경의 곳곳에서 나타난다. 하갈이 이스마엘을 낳고 사라를 멸시하며 요동할 때 아브라함은 사라에게 전권을 맡겼고, 사라는 하갈을 학대하고 도망하는데도 아브라함은 아무 말이 없었다. 애굽 사람 앞에서도, 아비멜렉왕에게도 사라를 잃고 싶지 않아 누이라고 거짓말하던 아브라함의 연약함은 아브라함답지 않은 모습으로 여겨지기도 한다.

아브라함을 통해 민족을 이루실 계획을 갖고 계신 하나님께서는 불임이었던 태의 문을 여시며 아브라함을 회춘시키셨다. 아브라함과 사라는 각각 100살, 90살에 이삭을 낳았고, 사라가 127세로 세상을 떠나기까지 성생활을 즐겼을 것으로 본다. 왜냐하면 아브라함은 사라가 죽고 나서도 '케투라'라는 젊은 후처를 맞아 자식을 여섯이나 더 낳았기 때문이다. 젊은 부인과 성생활을 즐겼고, 그만큼 건강하게 하나님께서 주신 성적인 본능에 충실했던 사람이 아브라함이다. 아브라함의 성생활은 아들 이삭에게 이어지고 모세에까지 흘러갔다. 이처럼 늙어 숨지기까지 정상적인 성생활을 즐기는 것은 하나님의 온전하신 뜻이다. 그러려면 남편은 평소 건강과 운동에 신경을 쓰고 근력을 유지하여 아내와 즐겁게 사랑을 나눌 수 있어야겠고, 아내는 늙기까지 최대한 남편에게 사랑받을 매력을 유지해야겠다. 바울의 교훈대로 부부는 특별한 약조가 없는 이상 분방하지 않는 것이 좋다. '분방하지 말라'는 말은 되도록 성생활을 즐기라는 말과 같은 말이다. 부부가 다 건강한 이상은 주님 오실 그날까지 부부간의 성을 즐기자.

_ "아브라함의 성생활을 본받자", 뉴스파워, 2003년 8월 2일

언약적 결혼의 절정이자 완성은 부부의 성적인 결합입니다. 하지만 성적인 유혹이 만연한 세상에서 부부간의 배타적인 성적 순결을 지키고 살아가는 것이 그렇게 쉽지 않습니다. 포도원을 허무는 여우와 같은 사탄은 오늘도 '음란'이라는 도구로 가정을 허물기 위해 노리고 있습니다. 인터넷과 SNS 등의 미디어를 통해 무차별적으로 가정의 울타리를 넘어 들어오는 거센 공격에 맞서 자신의 몸과 마음을 지키고 가정을 지켜야 합니다.

사랑하는 아내와 남편이 상대방의 성적 욕구를 충족시켜 주기 위한 의무를 다하되, 배려와 초대가 아름답게 이루어지는 부부관계를 만들어 가기 위한 진솔한 대화와 나눔의 시간을 기대합니다.

1. 성경적인 친밀한 성생활(性生活)

'친밀한 성'이 신혼부부에게 필요한 주제일까 생각할 수 있지만, 성생활은 결혼 생활을 행복하게 유지하는 데 매우 중요한 주제입니다. 신혼기에 바른 기초와 습관을 가지는 것이 중요합니다. 올바른 성생활이 정립되지 않으면 평생 어려움으로 고심할 수 있습니다. 성은 하나님께서 부부가 연합할 수 있도록 주신 중요한 도구이자, 생육하고 번성하여 땅에 충만하라는 문화명령을 수행하는 거룩한 도구입니다.

친밀한 성(性)의 세 가지 목표

첫째, '성'에 대해 부부가 열린 주제로 대화하는 것입니다.
둘째, 서로의 다름을 이해하고 배려하는 태도를 갖는 것입니다.
셋째, 친밀하고 풍성한 성관계를 평생 누리는 것입니다.

가정을 허무는 사탄의 도구 : 돈(Money) & 성(Sex)

> "모든 사람은 결혼을 귀히 여기고 침소를 더럽히지 않게 하라 음행하는 자들과 간음하는 자들을 하나님이 심판하시리라 돈을 사랑하지 말고 있는 바를 족한 줄로 알라 그가 친히 말씀하시기를 내가 결코 너희를 버리지 아니하고 너희를 떠나지 아니하리라 하셨느니라"
> (히 13:4~5)

"결혼을 귀히 여기고 침소를 더럽히지 않게 하라." 성 문제를 먼저 언급한 다음, 돈 문제를 언급합니다. 돈과 성은 가정을 파괴하는 사탄의 아주 강력한 무기입니다. 두 가지에 대해 말씀 안에서 원칙과 견고한 기초를 잘 갖고 있으면 이길 수 있습니다.

'침소를 더럽히지 마라'는 음행, 간음에 관련된 말씀입니다. 결혼에 있어서 성은 정신적으로나 육체적으로 배타적인 순결성을 절대적으로 유지해야 함을 의미합니다. 배타적인 순결성, 아내와 남편 이외에 다른 어떤 누구와도 성관계를 해서는 절대 안 됩니다. 이는 육체적인 간음뿐만 아니라, 정신적인 간음도 포함합니다. 예수님께서는 "음욕을 품고 여자를 보는 자마다 마음에 이미 간음하였느니라"(마 5:28)라고 말씀하셨습니다. 마음과 몸을 하나님 안에서 성결하게 지키며 살아야 함을 의미합니다.

1) 성 문제에 관한 자유로운 대화가 가능한가요?

커플을 위한 진단지 'Prepare_Enrich'에 '우리는 우리의 성관계를 흥미롭고 유쾌하게 유지할 수 있는 방법을 찾으려고 노력한다'라는 항목이 있습니다. 부부 대부분이 그 질문에 '전혀 아니다', '아니다'라고 답합니다. 성은 부부가 흥미롭고 즐거운 관계를 유지하기 위해서 꼭 필요한 주제이지만, 솔직하게 나누는 것을 불편해하는 것이 우리의 현실입니다.

2) 성 문제에 관한 대화를 방해하는 요인은 무엇인가요?

특별히 믿음의 사람인 우리는 무엇이든 '성스러운 것'과 '속된 것', 즉 '거룩함'과 '세속적인 것'으로 구별하는 경향이 있습니다. 성을 그중에서도 속되고 세속적인 것으로 생각하여 이야기하지 않으려 합니다. 또한, 배우자가 싫어하거나 자신을 이상하게 생각할까 봐 대화의 주제로 삼지 않습니다. 성을 꼭꼭 숨기면 숨길수록 여러분에게 다가올 행복도 꼭꼭 숨어 버린다는 사실을 기억해야 합니다. 성은 부부가 서로 솔직하게 나눌 때, 더 큰 즐거움을 기대할 수 있습니다. 그리고 그 즐거움과 행복을 통해 하나님 안에서 기쁘고 건강한 가정이 세워집니다.

Sexless

정의 : 부부의 성관계가 월 (   )회 미만이거나 연 (   )회 미만인 경우

1) Sexless가 증가하는 이유는?

- 결혼제도 변화의 관점에서

- **생활 습관 변화**
  - 성 충동 자체의 감소
  - 각박한 현실
  - 오락거리와 취미 활동의 증가
  - 음란물의 증가

- **성을 바라보고 해석하는 문화적 관점에서**

2) Sexless를 염려하고 극복해야 하는 이유는?

Sexless는 Loveless로 가는 길입니다.

3) 결혼의 울타리 안에서 부부의 성관계가 갖는 의미는?

욕구와 배려

1) 성에 관한 철학 세 가지

• 금욕주의

기독교와 한국교회의 문화는 여전히 금욕주의 쪽으로 기울어져 있습니다. 성 문제는 상당히 중요한 문제임에도 교회에서 가르침이 부족합니다. 금욕주의를 가르치지는 않지만, 성에 관해 다루지 않기 때문에 간접적으로 금욕에 대한 의식이 잠재하게 될 수 있습니다. 성 어거스틴은 "부부관계란 자녀 생산의 목적 이외에 해서는 안 된다"라고 언급한 바 있습니다. 그러나 그것은 성경에서 말하고 있는 하나님이 선물로 주신 성에 대한 올바른 이해라고 볼 수 없습니다.

• 성애주의(에로티시즘)

성애주의는 '원초적 본능에 충실하라'는 메시지를 줍니다. 그래서 세속적 쾌락주의에 빠지게 만들기도 합니다. 결국은 하나님을 떠나게 만들고, 불의에 결부되게 합니다. 에로티시즘에 빠진 사람은 사탄의 전략과 권력 안에서 놀아납니다.

• 복음주의

선물로 주신 하나님께 감사하면서 부부가 '결혼'이라는 테두리 안에서 즐겁게 누리는 것이 성에 대한 복음주의의 철학입니다. 성에 대한 구체적인 지침을 주는 본문인 고린도전서 7장 1~5절을 보면 알 수 있습니다. '남자마다 아내를 두고, 여자마다 남편을 두라'라는 말씀을 통해서 우리는 부부가 성적인 욕구와 즐거움을 풍성하게 누리는 것이 하나님의 뜻임을 알 수 있습니다.

2) 음행을 피해야 하는 이유

- 음란물, 포르노 등은 우리 사회를 병들게 합니다.

- 성생활에 대한 잘못된 환상을 만듭니다.

- 중독성이 있어 일상생활에 지장을 줍니다.

- 열등감에 빠지게 만듭니다.

- 남성과 여성에 대해 왜곡된 생각을 줍니다.

- 경건 생활에 치명적입니다.

남자와 여자의 성적 욕구 차이

남	여
(　　　　)을 위한 관계	(　　　　)를 위한
(　　　　)적 만족	(　　　　)적 만족
(　　　　) 중심	(　　　　) 중심
(　　　　) 중요	(　　　　) 중요
(　　　　)적으로 하나 됨	(　　　　)적으로 하나 됨
(　　　　) 중심	(　　　　) 중심
(　　　　) 추구	(　　　　) 추구
(　　　　) 우선	(　　　　) 우선
(　　　), (　　　　　)	(　　　), (　　　　　)
(　　　　), 반응 중요	(　　　　), 마음 상태 중요
(　　　　) 욕구	(　　　　) 욕구
(　　　)로 (　　　　　)을 느낌	(　　　　)을 느껴야 (　　　　　)
(　　　　)가 없음	(　　　　)가 있음
(　　　　) 영향 없음	(　　　　) 영향받음

부부 성생활에 있어 참고해야 할 사항

1) 성적인 만족도는 일반적으로 아내가 낮습니다.

2) 나이가 들수록 성적 욕구가 저하됩니다.

3) 성생활의 실망감 증가로 만족도가 감소합니다.

4) 직장 등 외부적 스트레스가 성생활에 부정적 영향을 줍니다.

2. 배려하는 부부의 성생활

성경적 부부의 성생활

1) 남자는 아내를 두고, 여자는 남편을 두라

"너희가 쓴 문제에 대하여 말하면 남자가 여자를 가까이 아니함이 좋으나 음행을 피하기 위하여 남자마다 자기 아내를 두고 여자마다 자기 남편을 두라"(고전 7:1~2)

2) 부부간의 의무를 다하라

"남편은 그 아내에 대한 의무를 다하고 아내도 그 남편에게 그렇게 할지라"(고전 7:3)

3) 자기 몸을 주장하지 말고 배우자가 주장하도록 하라

"아내는 자기 몸을 주장하지 못하고 오직 그 남편이 하며 남편도 그와 같이 자기 몸을 주장하지 못하고 오직 그 아내가 하나니"(고전 7:4)

4) 분방하지 말라

"서로 분방하지 말라 다만 기도할 틈을 얻기 위하여 합의상 얼마 동안은 하되 다시 합하라 이는 너희가 절제 못함으로 말미암아 사탄이 너희를 시험하지 못하게 하려 함이라"(고전 7:5)

_____
_____
_____

5) 보고 듣는 것을 조심하라

"날마다 저 불법한 행실을 보고 들음으로 그 의로운 심령이 상함이라"(벧후 2:8)

_____
_____
_____

Sexless 예방법

1) 아름다운 잠옷을 입으십시오.

사람은 사물을 인지할 때 오감 중 시각적 비중이 가장 크게 작용합니다. 특히 남자의 경우 시각적으로 더욱 민감합니다.

2) 부부관계 시 사랑의 말을 속삭여 주십시오.

특히, 여성의 경우 외부 자극 중 청각에 가장 예민합니다. 누군가에게 부정적인 말을 들으면 밤잠을 이루지 못하고 힘들어하기도 합니다. 반면 귀에 속삭이는 기쁨의 소리에는 마음이 활짝 열립니다. 마음이 열리면 몸이 열립니다.

3) 침실에는 은은하고 따뜻한 빛이 드는 조명을 설치하십시오.

조명은 아름다운 무드를 만들어 줍니다. 형광등의 빛은 차가운 느낌을 줍니다. LED, 할로겐등, 백열등 등의 따뜻한 빛을 발하는 전열 기구를 사용하여 안방을 따뜻하고 은은한 환경으로 만드십시오.

4) 전신 마사지를 해 주십시오.

전신 마사지는 아름다운 사랑의 표현입니다. 향긋한 오일로 전신 마사지를 하면서 서로 일상에서 받았던 피곤함과 고단함을 풀어 주고 사랑을 키우십시오.

5) 하루에 3번 이상 포옹해 주십시오.

스킨십을 하루에 3번 이상 하게 되면 이전보다 친밀함이 깊어지며 공감과 위안을 얻게 됩니다. 신체적 접촉은 사랑의 호르몬이 '옥시토신'을 분비해 마음을 진정시켜 줍니다. 또한 스트레스 호르몬인 '코티솔'의 수치를 낮추고 '아드레날린'과 '세로토닌'을 증가시켜서 긴장을 풀어 주기 때문에 부부생활에 활력이 됩니다.

6) 솔직한 대화를 하십시오.

부부라 할지라도 서로 다른 육체를 가지고 있기 때문에 공부하셔야 합니다. 이는 서로가 아닌 다른 누구도 가르쳐 줄 수 없습니다. 남편은 아내에게, 아내는 남편에게 서로의 몸에 대해서 배워야 합니다. 솔직하게 대화하는 것이 바로 서로를 배려하는 일입니다.

7) 부부의 날을 제정하십시오.

바쁜 일상 속에서 한 달에 한 번이든, 열흘에 한 번이든 날짜를 정하여 부부의 날로 기념하십시오. 외식을 해도 좋고 영화를 봐도 좋습니다. 시간이 나면 하는 것이 아니라, 날을 미리 정하여 중요한 날로 서로 소중하게 지키는 것입니다.

8) 하트 시그널을 정하십시오.

사랑을 나누고 싶은 표현을 말로 하기 쑥스럽다면 시그널을 정하십시오. 서로만 아는 방법으로 시그널을 정하면 흥미와 즐거움이 더해집니다.

9) 어려움이 있으면 의사의 도움을 받으십시오.

젊고 건강한 신혼이라 할지라도 성 기능에 어려움을 겪기도 합니다. 의사의 도움을 주저하지 마십시오. 부부가 함께 평생토록 즐기고 기뻐할 거룩한 몸입니다.

부부 성생활의 기쁨

1) 온전한 연합의 절정

"이러므로 남자가 부모를 떠나 그의 아내와 합하여 둘이 한 몸을 이룰지로다"(창 2:24)

- 부모를 떠남
- 아내와 연합
- 둘이 한 몸을 이룸

부부관계에서 성적인 결합은 결혼 의례의 절정이며 완성입니다. 성적인 결합은 부부 안에서만 지켜져야 하는 예식입니다.

2) 그리스도의 지체

"너희 몸이 그리스도의 지체인 줄을 알지 못하느냐 내가 그리스도의 지체를 가지고 창녀의 지체를 만들겠느냐 결코 그럴 수 없느니라"(고전 6:15)

예수님께서는 우리를 당신의 지체로 여겨 주십니다. 고린도전서 6장에서는 우리 몸에 대해 기록하고 있습니다. 남녀가 결합하면 한 몸이 되듯이, 성적인 타락, 음란을 범하면 그리스도의 지체인 우리가 그리스도의 몸을 창기로 만들 수도 있다는 말씀입니다. 그렇기 때문에 음행을 경계하고 또 경계하며, 피하라고 강조해서 말씀하시고 계십니다.

3) 부부 대화의 절정

부부관계에서 성적인 문제에 관해 대화할 수 있다는 것은 두 사람이 한 몸이라는 것을 인정할 때 가질 수 있는 고차원적인 일입니다. 성적인 결합은 결혼 생활의 절정이며, 그 안에서 최고의 기쁨을 누릴 수 있습니다. 서로에게 절정의 기쁨을 줄 수 있도록 자신을 알게 하고 배우자를 배워 가는 것이 중요합니다. 이것이 사랑의 최고의 표현이 될 수 있음을 기억해야 합니다.

4) 보약보다 귀한 하나님의 선물

• 부부관계가 왕성한 부부의 경우

- 면역 세포인 면역 글로블린A가 증가합니다.
- 다양한 질병 예방 및 심폐 기능 상승합니다.
- 순환기 계통 건강에 효과적입니다.
- 전립선과 자궁이 건강해집니다.
- 유방암 예방 및 치료 효과가 있습니다
- 혈중산소 농도를 높이고 혈액 순환을 도와 피부가 좋아집니다.

관계의 성공(사랑의 언어와 시그널)

1) 배우자 욕구 충족을 위한 사랑의 절정

"내게 주신 배우자의 성적 욕구를 충족시켜 주는 것은 의무입니다."
성적인 결합의 본뜻은 나의 욕구 충족이 아니라 배우자의 욕구를 충족해 주고자 하는 사랑의 절정입니다. 아내가 남편을 주장하고, 남편이 아내를 주장하도록 내어 줘야 합니다.

2) 거절의 지혜와 배려

부부로서 의무를 다해야 하지만, 때로는 거절하고 싶을 때가 있을 것입니다. 노골적인 거절은 수치심을 주므로, 서로에게 상처 주지 않는 배려의 언어를 훈련하십시오.

3) 성적 욕구 차이에 대한 이해

"남편들아 이와 같이 지식을 따라 너희 아내와 동거하고"(벧전 3:7a)

주로 남자는 관계를 통해서 육체적으로 하나 되는 것을, 여성은 정서적으로 하나 되는 것을 중요시합니다. 서로 다름에 대한 지식이 기반되어야 건강하고 행복한 부부생활을 약속할 수 있습니다. 내 생각과 뜻만을 주장해서는 안 됩니다.

성적 기대감

| 요구 | → | | → | 갈등 | → | 분노 |

| 칭찬 | → | | → | 사랑의 결합 |

부부관계 대화의 주제

부부간에 성적인 문제에 대해 무엇을, 어떻게 나눠야 하는지 배운 적이 없을 것입니다. 그래서 대부분 쑥스럽게 생각합니다. 그러나 대화 없이는 온전한 기쁨을 찾기가 어렵습니다. 남자와 여자는 다르며 나아가 모든 사람의 성적 지향점도 다를 수밖에 없기 때문입니다. 하나님께서는 왜 다름을 주셨을까요? 서로 마음과 몸을 배워 나가면서 진정으로 사랑하고 대화하는 법을 배워 나가기 위함입니다. 다음과 같은 세 가지는 부부간의 성생활에서 필요한 대화입니다.

1) 성적 만족도

2) 원하는 것과 원치 않는 것

3) 필요한 변화

배우자의 성감대 지도 만들기

사람마다 다양한 성감대가 존재합니다. 서로를 더욱 사랑하며 아껴 주기 위해 배우자의 성감대를 찾아 주십시오. 서로 대화하고 노력하지 않으면 할 수 없는 일입니다. 남자와 여자에 대한 지식도 필요합니다.

추천 도서

『무너지지 마라』
출판 규장
저자 김남국

참깨교실 약속

MUST-DO 분방하지 맙시다!

평생 풍성하고 행복한
부부생활을 이뤄 가십시오.

조별 나눔

1. 하나님께서 선물로 주신 성생활을 누리는 데 가장 방해가 되는 요인은 무엇인가요?

2. 다음은 부부관계에서 발생하는 일반적인 성 문제들입니다. 우리 부부는 어디에 해당하나요?

   - 나는 배우자가 하는 애정표현에 만족하지 못한다.

   - 우리 부부는 성적 관심과 기대가 다르다.

   - 우리 부부는 흥미롭고 즐거운 성관계를 유지하는 데 어려움을 겪고 있다.

   - 우리의 성관계는 만족스럽지 않다.

   - 나는 성에 대해서 솔직하게 이야기하지 못한다.

<출처> Prepare/Enrich 공식상담사 3단계 훈련 워크북

● **친밀감 UP** ●

적용 1 **대화 수준을 높여 보세요.**

사람은 저마다 고유의 성적 취향과 욕구를 가집니다. 따라서 만족스러운 관계를 유지하려면 성과 관련된 부분에 대해 부부가 서로 명확하게 의사소통을 해야 합니다. 의사소통의 질적 수준에 따라서 부부관계 수준이 결정됩니다. 나아가 당신의 부부관계 수준이 성적 친밀감의 수준과 결혼 생활을 좌우합니다.

적용 2 **애정을 표현하세요.**

일상에서 배우자로부터 돌봄과 사랑을 받는다고 느끼는 것은 관계에 아주 큰 영향을 끼칩니다. 배우자가 자신을 소중하고 가치 있는 사람으로 느끼도록 있는 그대로 받아 주세요. 그리고 작은 것부터 배려하고 마음을 표현하세요.

적용 3 **함께 삶의 원칙을 세우고 준수하세요.**

더 많이 벌려고, 더 많이 일하려고, 더 즐기려고, 더 먹으려고, 더 잘살려고 무리하지 마세요. 자주 둘만의 시간을 가지도록 약속을 하고 원칙을 정하세요.

<출처> Prepare/Enrich 공식상담사 3단계 훈련 워크북

6

시가와 처가 관계의 지혜

"그러므로 사람이 부모를 떠나 그의 아내와 합하여
그 둘이 한 육체가 될지니 이 비밀이 크도다
나는 그리스도와 교회에 대하여 말하노라"
에베소서 5:31~32

결혼을 하고 첫아이를 임신하면서 남편과 나는 단꿈을 꾸며 많은 대화를 했다. 그중 하나는 '아이의 이름은 뭐라고 지을까?'였다. 부를 때마다 예수님이 생각나는 이름이면 좋겠다는 마음을 품고 행복한 고민을 시작했다. 고민 끝에 평생토록 예수님을 경배하라는 의미로 'Praise the LORD!'라는 뜻의 '예경'이라는 이름을 지었다. 시가와 처가의 첫 번째 손주로 태어난 딸아이는 온 집안의 기쁨이며 관심이었다. 그런데 출산을 하고 퇴원을 앞둔 당일에 시부모님께서 오셔서 반듯하게 붓펜으로 써 온 이름을 펼쳐 보여 주셨다. 그 이름은 지금도 머릿속에서 잊히지 않는다. 퇴원을 하고 집으로 돌아가며 기쁨보다 무거운 마음이 앞섰다. 시아버님께서 지어 오신 딸아이의 이름을 거절하기 어렵지만, 남편과 지은 귀한 이름을 포기할 수도 없었기 때문이다. 결국 우리 부부는 시누이에게 도움을 청했다. 시누이는 아버님께 전화를 걸어 요즘 그런 이름은 짓지 않으니 동생 내외가 알아서 짓도록 맡기시라며 설득해 주셨다. 아버님은 섭섭하기도 하셨을 텐데, 기꺼이 이름의 결정권을 우리에게 넘겨주셨다. '떠남'의 시작이었다. 그때 결정권을 이양받지 못했다면 아이 이름을 부르며 두고두고 안타까워했을지 모른다. 무엇보다 기쁜 것은, 예경이라는 이름을 딸이 매우 좋아한다는 것이다.

결혼은 하나님이 만드신 최초의 제도입니다. 하나님은 결혼에 대한 청사진도 직접 그려 주셨습니다. 하나님이 기획하시고 명하신 결혼 설계의 첫 번째는 '부모를 떠난다'입니다. 성경은 '네 부모를 떠나라'고 말하고 있습니다. 떠난다는 것은 세 가지 의미가 있습니다. 첫째, '육체적으로 분리되다'를 의미합니다. 둘째, '짐을 풀어 주다'를 의미하는데, 이는 그동안 부모에게 지어졌던 모든 짐을 풀어 드리는 것을 뜻합니다. 세 번째로는 '버리다'를 의미합니다. 서로 각자의 삶의 방식을 버리고 새로운 문화를 만들어 가는 것입니다. 부모 떠남의 원리 속에는 부모 공경의 원리가 같이 담겨 있음을 기억해야 합니다. 이번 장에서는 떠남과 공경의 원리를 같이 배우게 됩니다.

1. 부모를 떠나

때를 따라 아름답게 하심

> "범사에 기한이 있고 천하 만사가 다 때가 있나니 날 때가 있고 죽을 때가 있으며 심을 때가 있고 심은 것을 뽑을 때가 있으며"(전 3:1~2)

> "하나님이 인생들에게 노고를 주사 애쓰게 하신 것을 내가 보았노라"(전 3:10)

> "하나님이 모든 것을 지으시되 때를 따라 아름답게 하셨고 또 사람들에게는 영원을 사모하는 마음을 주셨느니라"(전 3:11a)

하나님께서는 때마다 마땅히 감당해야 할 바를 주시며, 그것을 위해 애쓰게 하셨습니다. 또한 영원을 사모하는 마음을 더하여 주셨습니다. 이를 심리학적 용어로 '발달과업'이라고 합니다. 발달과업이란 인간이 살아가면서 지나는 발달의 단계에서 반드시 성취해야 할 일을 뜻합니다. 각 시기에 해야 할 일들을 성공적으로 성취하면 장차의 과업 수행에 행복과 성공을 초래하지만, 실패하면 장차의 과업에 곤란을 겪게 된다고 정의합니다. 신혼 시기에 감당해야 할 과업은 다음과 같습니다.

- 부부의 연합
- 확대 가족과의 친밀
- 자녀 준비

신혼 시기에 세 가지 과업을 잘 감당해 내면, 다음 때를 소원하게 되며 기쁨으로 맞이할 수 있습니다. 창세기 2장 24절에는 부부간의 연합을 명하시며 가장 먼저 **부모를 떠나**라고 말씀하셨습니다. 말씀에 근거하여 떠남을 준비하고 이루어 갑시다.

떠남의 원리

1) 믿음의 조상 아브라함

> "믿음으로 아브라함은 부르심을 받았을 때에 순종하여 장래의 유업으로 받을 땅에 나아갈새 갈 바를 알지 못하고 나아갔으며"(히 11:8)

갈대아 우르에서 하란으로, 하란에서 세겜으로 이주한 아브라함 족속은 수천 마리의 양과 노예를 거느린 거부였습니다. 거주하던 땅을 떠나는 것이 결코 쉬운 결단은 아니었을 것입니다. 그러나 아브라함은 '고향과 친척과 아버지의 집을 떠나 내가 네게 보여 줄 땅으로 가라'는 하나님의 명령에 순종하였습니다. 하나님의 계획이 실로 어떠한 것인지를 가늠할 수 없었지만 아브라함은 순종했습니다. 그의 삶이 어떠했는지 기억하십시오. **떠남은 축복을 부어 주시기 위함입니다.**

2) 예수 그리스도의 순종

예수 그리스도는 하늘 보좌를 떠나 인간의 몸을 입고 이 땅으로 내려오셨습니다. 이 땅에서 사역을 이루시고 하늘 보좌로 다시 떠나가셨습니다. 떠나시면서 우리에게 보혜사 성령님을 보내 주셨습니다. 예수님의 행적을 기억하며 예수 그리스도의 보혈의 힘을 입어 복음을 전하게 하셨으며 보혜사 성령께서 우리 안에 내주하시며 우리가 자라나가게 하셨습니다. 떠남은 성장을 위함입니다.

부모를 떠남

1) 정서적으로 떠남

부모로부터 정서적으로 떠나야 합니다. 결혼과 동시에 남편은 가장으로서의 권위를 가집니다. 가정의 모든 대소사를 이젠 부부가 함께 기도하며 의논하고 결정해 나가야 합니다. 결혼 전에는 정서적으로 부모의 영향 아래 있었다면, 이제는 배우자와 정서적인 연합을 이루어 온전한 가정으로서 독립을 이루어야 합니다. 둘 사이에 어떤 것도 끼어들도록 허락해서는 안 됩니다.

> 부모로부터 가져와야 할 것 (   ),
> 부모로부터 버려야 할 것 (   )

_____
_____
_____
_____

• **결정권의 이양**

　결혼 후에는 가족의 개념이 확대됩니다. 시가 부모님과 시가 형제들, 처가 부모님과 처가 형제들이 확대 가족으로 형성됩니다. 확대 가족과 친밀을 형성하면서도, 분리와 연합이 조화를 이루어야 건강하고 행복한 결혼 생활을 유지해 나갈 수 있습니다. 새로운 가정의 문화를 형성하기 위해서는 부부가 독립적으로 의논하고 가정의 대소사를 직접 결정해 나가야 합니다. 신혼 초에는 때로 실수할 수도 있습니다. 그러나 부부가 의논하고 기도하는 과정에서 배우는 것이 있습니다. 두 사람이 직접 대소사를 결정하면서 성장해 나가는 것이 하나님이 주신 큰 축복임을 기억해야 합니다.

_____
_____
_____
_____

• **과거의 상처에서 떠남**

　결혼 전 각자의 가족을 원가족이라고 합니다. 원가족과의 경험은 생활 태도나 습관,

심리적인 차원에서 각자에게 커다란 영향을 미칩니다. 원가족과의 관계에서 형성된 부정적인 태도나 생각, 고질적인 습관 등을 배우자에게 무의식적으로 드러낼 때, 부부 사이에 생각지도 못한 충돌이 일어날 수 있습니다. 성장 과정의 상처들이 부정적인 영향을 줄 수 있습니다. 두 사람이 서로를 더욱 알아 가고 이해하고 수용하며 사랑해 나갈 때 과거의 상처로부터 떠날 수 있습니다.

• **가정의 최종 결정권자**

새로운 가정의 최종 결정권자는 하나님이십니다. 부부가 합심하여 기도하며 믿음으로 가정을 세워 나갈 때 하나님의 주권이 가정 가운데 임합니다.

정서적으로 떠난다는 것은 부모님을 잊어버리는 것이 아닙니다. 부모님의 삶 가운데 본받고 싶은 아름다운 문화는 배워서 가정에 새로운 문화로 잘 융합하여 형성해 나가야 합니다. 빨간색 가정의 자녀와 파란색 가정의 자녀가 만났으니, 새로운 보라색 문화를 만들어 가는 것이 마땅합니다. 하나님이 기뻐하시는 좋은 것들로 가정에 새로운 문화를 형성해 가는 것이 중요합니다.

2) 재정적으로 떠남

• 재정적 분리

부모로부터 재정이 분리되는 것은 두 번째 탯줄을 끊는 것과도 같습니다. 아기가 태중에서는 엄마의 탯줄로부터 영양을 공급받지만 세상에 나오면 스스로 영양을 섭취해야 합니다. 재정도 마찬가지입니다.

• 건강한 부모와 형제 관계 형성

결혼 후에 재정의 분리는 중요한 사안입니다. 부모로부터 재정을 공급받게 되면 부부의 형편에 맞게 재정을 꾸려 나갈 수가 없습니다. 그뿐만 아니라 형제간에도 의가 상하는 일이 일어나곤 합니다. 결혼하여 재정적으로 부족하다 할지라도 부부가 계획을 세워 경제적으로 자립해 나가지 않으면 가정이 건강하게 세워지기 어렵습니다.

3) 영적으로 떠남

• 영적인 가장으로 세움

가정의 제사장은 신앙적 리더 역할을 의미합니다. 말씀 생활, 경건 생활, 예배 생활 등 가정의 본이 되어야 합니다. 자녀에게 아버지의 삶은 거룩한 유산입니다. 그동안 부모님의 영향력 아래 의존했다는 것은 영적으로도 아버지의 권위 아래 있었다는 말과 일맥상통합니다. 이제는 부부가 건강한 믿음의 가정을 세우는 일에 집중해야 하고, 남편은 영적으로 가정의 제사장으로서의 권위를 갖춰야 합니다.

• 하나님과 부부의 삼겹줄

가정 안에서 무언가를 결정해야 할 때 부부가 함께 하나님의 뜻을 구해야 합니다. 하나님과 남편과 아내는 가장 강력한 삼겹줄의 매임 안에 있어야 합니다. 하나님의 뜻을 존중하고, 서로의 뜻을 존중하는 선택을 해야 합니다.

• 거룩한 습관의 형성

남편이 영적 제사장으로 바로 서고, 부부가 마음을 합하여 믿음의 가정을 세워 가기 위해서는 옳지 못한 습관을 버리고 거룩한 습관을 형성해야 합니다. 습관이 생각과 행동을 지배하는 경험을 많이 했을 것입니다. 성경을 읽고 기도하는 습관을 갖기 위해 두 사람이 합심하여 노력하십시오.

2. 팀워크(Teamwork)와 부부 리더십(Couple Leadership)

'부모를 떠나' 부모에게 의지하던 정신적, 육체적, 경제적 습관으로부터 독립해야 합니다. 두 사람이 떠남과 연합을 위해 계획하고 실천해야 할 일이 있습니다. 'Leave, Cleave, Weave'의 세 단계를 잘 이해한 뒤, 어떻게 적용할 수 있을지 생각해 봅시다.

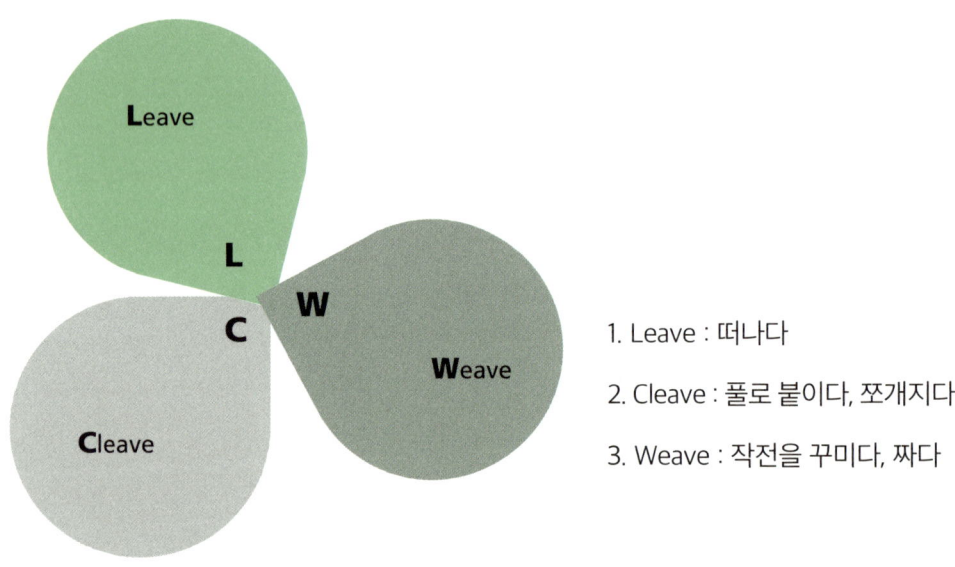

1. Leave : 떠나다
2. Cleave : 풀로 붙이다, 쪼개지다
3. Weave : 작전을 꾸미다, 짜다

먼저 부모를 떠난(Leave) 두 사람이 온전하게 연합(Cleave)이 되어야 하며, 새로운 가정 문화를 만들어 가기 위해 함께 계획하고 아름답게 꾸며(Weave) 나가야 합니다. 그 중 'Cleave'와 'Weave'를 자세히 살펴보려고 합니다.

먼저, Cleave는 '풀로 붙이다', '찢어지다'라는 상반된 의미를 동시에 가집니다. 자동사로 쓰일 때는 '풀로 붙이다'라는 뜻이지만, 타동사로 쓰일 땐 '쪼개지다', '찢어지다'라는 뜻을 가집니다. 풀로 붙기 위해서는 두 개체 사이에 아무것도 없어야 합니다. 사이에 이물질이나 다른 무언가가 끼어들면 딱 달라붙을 수가 없으며 떨어지고 분리되어 버립니다. 부부 사이가 그렇습니다. 두 사람 사이에 다른 누군가가, 무언가가 끼어들면 온전한 연합이 이루어지기 어렵습니다. 또한, 달라붙어 있는 무언가를 억지로 떼려고 하면 망가지기 마련입니다. 심한 경우, 원형조차 찾을 수 없습니다.

하나님께서는 부부가 헤어지는 것을 '원형을 잃어버리는 분리'라고 말씀하십니다. 부부는 온전하게 연합하기 위해 애쓸 뿐 아니라, 연합을 소중하게 지키기 위해서도 애써야 합니다. 이를 위해 부부는 갈등과 어려움이 생겼을 때 어떻게 헤쳐 나갈지 늘 기도하며 지혜로 작전을 짜야 합니다. 갈등은 피하기만 해서는 해결할 수 없습니다. 의논하여 헤쳐 나가야 합니다. 적당한 갈등은 성장의 발판이 됩니다. 갈등을 어떻게 바라보며 이겨 내는지가 중요합니다.

갈등 해결에 대해 적극적인 자세를 가지십시오

부부가 마음을 합하는데 때로는 갈등이 일어나기도 합니다. 서로 다른 환경에서 성장해 왔고 다른 사고를 가지기에 갈등은 당연한 현상입니다. 갈등의 사전적 정의는 '상대와 나 사이에서 발생하는 불유쾌한 현상'입니다. 불유쾌한 상황을 유쾌한 현상으로 만들어 갈 수 있는 키(Key)는 두 사람에게 달려 있습니다.

악순환

성장순환

선순환

부부 사이에 발생할 수 있는 부정적인 상황을 긍정적으로 끌어낼 수 있는 인내와 지혜가 중요합니다. 부정적인 자극에 대해서 누구나 부정적인 감정이 일어나지만, 성숙한 그리스도인은 상황을 선순환으로 바꿔 나가도록 노력해야 합니다. 부부간에 부정적 감정을 오래도록 품고 있으면 그 틈에 사탄이 끼어듭니다. 어려운 마음이 생기더라도 선순환의 사이클을 통해 성장해야 합니다.

관계를 망치는 독

부부간에는 어떤 상황에도 하지 말아야 할 표현들이 있습니다. 그 표현은 관계를 망치는 지름길입니다. 미국 워싱턴주립대학의 심리학자 존 가트만(John Mordecai Gottman) 박사는 부부의 결혼 안정과 이혼을 예측할 수 있는 다양한 모델, 척도 및 공식을 개발했으며 이 분야에서 일곱 가지 연구를 완료했습니다. 그의 연구 중 가장 잘 알려

진 것은 '신혼부부의 이혼을 예측할 수 있는 부정적 행동 네 가지'입니다. 네 가지에는 성격에 대한 비난, 우월한 위치에서의 경멸, 방어, 담쌓기가 있습니다. 기억해 주십시오. 어떤 상황에서도 이러한 표현은 쓰지 않기 위해 부부가 함께 노력해야 합니다.[1]

갈등 해결은 팀워크다

부부는 한 팀입니다. 팀이라는 것은 내가 이기면 우리가 이기는 것이고 배우자가 지면 나도 지는 것입니다. 내가 이기고 배우자가 지는 것이 아니라 우리가 이겨야 팀입니다. 세상, 때로는 관계 속에서 발생하는 어려움, 그 외에도 사탄의 유혹과 내 안의 갈등 등 여러 가지 다양한 어려움은 우리에게 계속 나타날 것입니다. 이때 부부는 한 팀이 되어서 이겨내야 합니다. 그렇기에 아내의 아픔은 남편의 것이 되어야 하고 남편이 어려움 역시 아내의 어려움으로 인식되어 같이 고민하고 기도하며 해결해 나가야 합니다.

'희생'과 '용서'라는 두 가지 키워드는 평생토록 함께하겠다는 약속으로 시작된 부부관계에 있어서 노력해야 할 큰 주제입니다. 주님이 우리에게 그러하셨듯이 이 세상에서 가장 가까운 부부관계에서 이러한 노력이 이루어진다면 우리는 세상을 이길 힘을 갖게 됩니다.

---

[1] 최성애, 『최성애 박사의 행복수업』, 해냄(2010).

3. 부모를 공경하라

"자녀들아 주 안에서 너희 부모에게 순종하라 이것이 옳으니라 네 아버지와 어머니를 공경하라"(엡 6:1-2)

위에서 부모를 떠나야 하는 이유를 세 가지로 언급했습니다. 육체적인 분리, 짐을 풀어 주는 것, 그리고 버리다의 의미입니다. 그리고 하나 더해 부모를 떠나야 하는 큰 이유 중 하나는 부모를 제대로 공경하기 위함입니다. 성경 안에서 부모를 어떻게 공경하라고 말씀하시는지 살펴봅시다.

효자·효녀가 되지 마십시오

반쪽짜리 효를 하지 마십시오. 결혼한 후에는 효의 방법도 달라져야 합니다.

딸 같은 며느리, 아들 같은 사위를 꿈꾸지 마십시오

부모님께 의존적인 자세를 가진 사람의 생각입니다. 딸이었을 때 자신의 모습을 생각해 보십시오. 아들이었을 때 자신의 모습도 생각해 보십시오. 부모님께 공손하게 정성을 다했었는지요. 순종과 공경의 두 가지 키워드를 생각해 보십시오. 결혼한 자녀가 더욱 집중해야 하는 키워드는 '공경'입니다. 위(位)가 달라졌다는 것을 인식하십시오.

부모님의 지혜를 인정해 드리십시오

"네가 만일 이 일을 하고 하나님께서도 네게 허락하시면 네가 이 일을 감당하고 이 모든 백성도 자기 곳으로 평안히 가리라"(출 18:23)

모세와 장인 이드로의 관계를 묵상해 보십시오. 모세에게 맡겨진 책임이 과하여 백성을 골고루 다스릴 수 없게 되었습니다. 종일토록 재판하는 모세를 보며 이드로는 백성에게 율례와 법도를 가르칠 것과 천부장, 백부장, 오십부장을 세울 것을 권면하였습니다. 그리고 최종 결정은 하나님의 뜻을 따르라는 충고를 합니다. 모세는 장인의 지혜를 인정하며 천부장, 백부장, 오십부장의 리더십을 세웠습니다. 부모님은 지혜가 크시며 풍부한 경험과 덕을 갖고 계십니다. 최종 결정은 기도하며 부부가 합심하여 내리게 되지만, 부모님의 지혜를 가벼이 여겨선 안 됩니다.

부모 공경은 반드시 물질로도 해야 합니다

'공경'은 헬라어로 티마오(τιμάω)라고 합니다. 티마오는 '가치를 두다', '존경하다', '물질로 가치를 표현하다'라는 뜻입니다. 부모를 공경하는 마음이 있다면 물질로 그 가치를 존중하는 표현이 반드시 수반되어야 합니다. 신혼 시기에 부모님께 용돈을 정하여 드리십시오. 적은 돈이라도 매달 주기적으로 드리길 권면합니다.

마음을 표현하십시오

마음을 말로 표현하세요. '감사합니다', '사랑합니다', '죄송합니다' 등의 마음을 표현하는 말은 적시에 표현할수록 관계 성장을 이루게 합니다. 특히 잘못하는 일이 있을 때 관계는 소원해지고 불편해집니다. 그럴수록 더 적극적으로 마음을 표현해야 합니다. 불편한 마음은 털어 내고, 진심을 표현할수록 관계는 가까워집니다. 그럴 때 이해의 폭도 훨씬 넓어집니다.

부모를 공경하는 것은 하나님께서 우리에게 주신 명령입니다. 디모데후서 3장 1~5절의 말씀은 말세에 고통하는 때가 이르렀을 때 사람들이 어떤 것을 추구하는 세상이 되는지 보여 줍니다. 자기를 사랑하며 돈을 사랑하며, 자랑하며, 교만하며, 비방하며, 부모를 거역하며…. 하나님께서 싫어하는 일들이 가득히 기록되어 있습니다. 그중에 '부모를 거역하며'가 눈에 띕니다. 말세의 악한 징조 중 하나가 '부모를 거역하는 일'이라고 말씀하셨습니다. 부모를 공경하라는 명령을 따르기 위해 애써 나갑시다.

부부 갈등이 생겼을 때 부모님께 달려가지 마십시오

결혼 생활을 지속해 나갈 때 갈등이나 어려움은 반드시 있습니다. 그때 부모님께 달려가지 마십시오. 주변 사람에게 달려가지도 마십시오. 도움이 필요하다면 믿음의 공동체 안에서 조언을 구하십시오. 믿음의 멘토에게 달려가면 더욱 좋습니다. 믿음의 공동체 안에 속해 있다는 것은 축복입니다. 귀하게 여기며 공동체 안에 머물러 믿음의 축복을 누리십시오.

과제 부모님의 사랑의 언어를 찾아보십시오 (시가 & 처가)

1. 부모님은 같이 있어 주는 것, 선물, 봉사, 스킨십, 인정하는 말 중 어떤 사랑의 언어를 원하실까요?

2. 부모님의 사랑의 언어로 부모님께 사랑을 표현해 보세요.

참깨교실 약속

MUST-DO

부부는 한 팀입니다.
결혼 생활의 모든 일은 팀워크로 해결해 나갑시다.

조별 나눔

1. 아래 영역 중 현재 겪고 있는 갈등은 어느 것인가요? 가족과 잘 지낼 수 있는 방법에 대해 배우자와 의논해 보세요.

   a. 명절과 전통을 지키는 일들에 대해 해결해야 하는 갈등이 있나요?

   b. 종교적 차이로 인해 겪는 갈등이 있나요?

   c. 가족 모임이나 가족 행사 등에서 괴리를 느낄 때가 있나요?

   d. 재정적인 어려움으로 부모를 의존하고 있나요?

2. 시가 혹은 처가와의 갈등을 감정적으로 대응하거나 잘 대처하지 못해서 힘들었던 경험이 있다면 솔직하게 나누어 보세요.

● Couple Teamwork UP ●

적용 1 자신의 부모나 배우자의 부모와 문제를 겪고 있나요? 만일 그렇다면 그 문제를 구체적으로 적어 보세요.

적용 2 그 문제에 대해 시간을 정해 놓고 진지하게 배우자와 논의해 보세요. 자신이 생각하고 있는 문제를 소리 내어 읽어 준 후 다음 항목을 살펴 보세요.

a. 당신(배우자)는 그 문제에 대해 동의하나요?

b. 동의하지 않는다면 배우자의 의견을 들어 보세요.

c. 서로가 다르게 인식하고 있다면, 그 문제에 대해 좀 더 구체적으로 각자의 의견을 어필해 보세요. 어떤 이유로 어려웠는지 가능한 한 솔직하게 나누어 보세요.

d. 부부가 문제에 대해 동의하는 마음이 있다면 그 상황을 바로잡기 위해 어떤 행동을 취하는 것이 바람직할지 의논해 보세요. 만일 의견이 맞춰지지 않는다면 건설적인 행동에 동의가 될 때까지 추후에 다시 시간을 가져 보세요.

적용 3 양가 부모에 대한 당신의 행동이 어떻게 바뀌어야 하는지 먼저 생각해 보고 솔직히 자신의 행동이나 대화에서 '부모를 공경하는 태도'가 드러나는지 돌아보세요.

<출처>『커플 체크업』, David H. Olson · Amy Olson-Sigg · Peter J. Larson 공저, 김덕일 · 나희소 공역, 학지사(2010).

원가족 경험 질문지

결혼 전 유년 시절을 보냈던 원가족에 관한 질문입니다. 어린 시절 원가족의 분위기를 생각하며 내용에 답해 보십시오. 체크는 1~5까지의 점수를 주는 방식입니다.

매우 그렇다 5, 그런 편이다 4, 보통이다 3, 그렇지 않은 편이다 2, 그렇지 않다 1로 표시해 주십시오.

영역	번호	내용	체크
상호 존중과 수용	1	나의 원가족은 서로 신뢰했다.	
	2	나의 원가족은 가족구성원으로서 소속감이 있었다.	
	3	나의 원가족은 서로 터놓고 이야기했다.	
	4	나의 원가족은 삶에 대해 긍정적인 태도를 가지고 있었다.	
	5	나의 원가족은 서로를 존중하고 수용했다.	
경제적 안정과 협력	6	나의 원가족은 먹고사는 데 어렵지 않을 정도의 수입이 있었다.	
	7	나의 원가족은 미래의 경제적 안정을 위해 준비하고 있었다.	
	8	나의 원가족은 여가와 문화생활을 할 만한 경제적 여유가 있었다.	
질적 유대감	9	나의 원가족은 함께하는 활동(외식, 여가, 취미생활 등)을 즐겼다.	
	10	나의 원가족은 여러 가지 이슈에 대해 논의하는 것을 중요시했다.	
	11	나의 원가족은 먹고사는 데 시간을 많이 가졌다.	
	12	나의 원가족은 함께 대화하는 것을 즐겼다.	
가족 탄력성	13	나의 원가족은 자기 입장을 표현할 기회를 주었다.	
	14	나의 원가족은 어려운 문제를 함께 해결했다.	
	15	나의 원가족은 각자의 역할을 잘 수행했다.	
	16	나의 원가족은 서로 잘 도왔다.	
	17	나의 원가족은 서로에게 감사와 사랑하는 마음을 표현했다.	
	18	나의 원가족은 서로의 이야기를 주의 깊게 듣는다.	
	19	나의 원가족은 상황에 따라 유연하게 대처했다.	
가족 문화와 사회 참여	20	나의 원가족은 가족만의 전통과 문화가 있었다.	
	21	나의 원가족은 지역 사회에서 일어나는 일에 관심이 있었다.	
	22	나의 원가족은 사회활동(봉사, 모임)에 참여했다.	

<출처>「중년여성의 원가족 건강성이 결혼만족도에 미치는 영향」 원종숙, 한국교통대학교 교육대학원(2023), 재구성.

점수 해석표

항목	상	중	하	등급
상호 존중과 수용	17~25	8~16	8 미만	
경제적 안정과 협력	11~15	5~10	5 미만	
질적 유대감	14~20	7~13	7 미만	
가족 탄력성	24~35	12~23	12 미만	
가족 문화와 사회 참여	11~15	6~10	6 미만	

Q 당신의 원가족 생활에서 어떤 영역이 강점이 되고, 어떤 영역이 성장이 필요합니까? 부부가 배우자의 원가족 환경을 이해하고 건강한 가정 형성을 위해 함께 노력해야 할 부분이 어디인지 의논해 보시기 바랍니다.

소그룹 모임 가이드
(Guide to Sharing in Small Group)

"보라 형제가 연합하여 동거함이 어찌 그리 선하고 아름다운고
머리에 있는 보배로운 기름이 수염 곧 아론의 수염에 흘러서
그의 옷깃까지 내림 같고 헐몬의 이슬이 시온의 산들에 내림 같도다
거기서 여호와께서 복을 명령하셨나니 곧 영생이로다"

(시편 133:1~3)

6주 정규과정의 참깨교실 프로그램이 끝나면 5번의 소그룹 모임을 권장합니다. 참깨교실에서 다루었던 5가지 주제를 다룹니다. 대화·배려의 지혜, 예비 부모의 지혜, 성경적 재정 관리의 지혜, 친밀한 성의 지혜, 시가·처가 관계의 지혜에 대해서 각 가정에서 실천한 경험을 멘토의 가이드에 따라 나눔의 시간을 갖습니다.

소그룹 모임의 목적
소그룹 모임은 2가지 목적이 있습니다.
① 말씀 안에서 건강한 공동체를 이루어 가정을 향한 하나님의 뜻을 함께 알아 가고 그에 합당한 삶을 배우고 나누기 위함입니다.
② 말씀 안에서 건강한 공동체를 이루어 사랑과 신뢰의 누룩이 되기 위함입니다.

소그룹 모임의 원칙
① 각 조는 멘토 1가정, 멘티 4가정으로 구성하여 운영하는 것이 가장 바람직합니다.
② 매 회기의 만남은 모두 참여할 수 있도록 날짜와 시간을 합의하여 정합니다.
③ 멘토 가정을 시작으로 각 가정을 방문하며 5번 모임을 갖는 것을 원칙으로 합니다.
④ 5번의 소그룹 모임이 마무리되면 멘토 부부는 멘티 부부들이 독립적으로 세워질 수 있도록 리더 자리에서 내려오며, 교회에 소속된 소그룹 모임 편입에 권면자의 역할을 합니다.
⑤ 매번 모일 때 참깨교실 프로그램에서 다룬 주제를 중심으로 나눔을 합니다.
  (나눔의 내용은 소그룹 지도안을 참고합니다.)
⑥ 소그룹 모임에 오기 전에 교재의 본문 말씀을 반드시 묵상합니다.
⑦ 이전 모임 때 제시된 과제물이 있다면 꼭 지참합니다.

 ## 대화 · 배려의 지혜

나눔을 위한 성경 읽기 과제

창세기 24장, 25장 19~34절, 27장

창세기 27장 5~10절

5 이삭이 그의 아들 에서에게 말할 때에 리브가가 들었더니 에서가 사냥하여 오려고 들로 나가매
6 리브가가 그의 아들 야곱에게 말하여 이르되 네 아버지가 네 형 에서에게 말씀하시는 것을 내가 들으니 이르시기를
7 나를 위하여 사냥하여 가져다가 별미를 만들어 내가 먹게 하여 죽기 전에 여호와 앞에서 네게 축복하게 하라 하셨으니
8 그런즉 내 아들아 내 말을 따라 내가 네게 명하는 대로
9 염소 떼에 가서 거기서 좋은 염소 새끼 두 마리를 내게로 가져오면 내가 그것으로 네 아버지를 위하여 그가 즐기시는 별미를 만들리니
10 네가 그것을 네 아버지께 가져다 드려서 그가 죽기 전에 네게 축복하기 위하여 잡수시게 하라

주제 나누기

여러분은 어떻게 맺어진 사이인가요?
만남의 동기를 떠올리며 그때의 상황을 돌아가면서 나누어 보세요.

말씀 묵상

1. 이삭은 어떤 사람이었을까요? 아버지 아브라함과 연계해서 생각해 보세요.

    - 창세기 26장 7절에 무슨 일이 있었나요?

      (필요에 따라 변명하는 이삭을 보며 리브가는 어떤 생각을 했을까요?)

    - 창세기 12장 13절, 20장 2절에서 아버지 아브라함은 무슨 변명을 하나요?

2. 이삭과 리브가가 만나게 된 동기는 무엇이며, 그 만남에는 어떤 신앙적 의미가 있을까요?
   (아버지 아브라함의 배려 - 이후. 야곱을 향한 이삭의 배려, 창세기 28장 1~2절)

이삭과 리브가의 각각 다른 계획

1. 부부가 서로 다르게 생각한 것은 무엇이며, 그러한 원인이 어디에 있다고 생각하시나요?

2. 리브가는 자신의 생각을 관철하기 위해 야곱과 함께 무엇을 하였나요?
    - 엿들음 (창 27:5, 42)
    - 속임과 거짓말 : 에서의 성격적·생리적 약점 이용 (창 27:8~19)
    - 이삭의 성격을 분석하여 치밀하게 계획함 (창 27:13~17)
    - 여호와께서 이끌어 주신 것처럼 가장하여 고함 : 더 큰 거짓말로 발전하게 됨 (창 27:20)

3. 가족 간에 속고 속임이 일어나고 있습니다. 의심과 불신이 싹트기 시작합니다. 이렇게 된 이유가 어디에 있다고 생각하나요? (창 27:18~26)

하나님의 계획

1. 이삭의 가정을 통한 하나님의 계획은 어떠했나요? (창 25:23)

2. 이삭과 리브가는 하나님의 계획을 알고 있었나요?

본문에서 얻은 느낌과 생각

가족이 각자 알고 있던 하나님의 계획을 서로 대화하면서 나눈 경험이 있나요?

서로 다른 생각을 극복해 가는 과정 나눔

1. 정치적 관점이나 집안의 다른 관습, 생활의 사소한 차이 등으로 갈등을 겪은 적이 있나요?

2. 그 갈등을 해결해 가기 위해 어떤 노력을 했나요?

3. 상황에 따라 상대의 약점을 이용하려는 유혹에 빠진 적이 있나요?

 ## 예비 부모의 지혜

나눔을 위한 성경 읽기 과제

사무엘상 1~2장(삼하 3:1~39, 7:15, 8:5 참조)

사무엘상 1장 21~24절

21 그 사람 엘가나와 그의 온 집이 여호와께 매년제와 서원제를 드리러 올라갈 때에
22 오직 한나는 올라가지 아니하고 그의 남편에게 이르되 아이를 젖 떼거든 내가 그를 데리고 가서 여호와 앞에 뵙게 하고 거기에 영원히 있게 하리이다 하니
23 그의 남편 엘가나가 그에게 이르되 그대의 소견에 좋은 대로 하여 그를 젖 떼기까지 기다리라 오직 여호와께서 그의 말씀대로 이루시기를 원하노라 하니라 이에 그 여자가 그의 아들을 양육하며 그가 젖 떼기까지 기다리다가
24 젖을 뗀 후에 그를 데리고 올라갈새 수소 세 마리와 밀가루 한 에바와 포도주 한 가죽부대를 가지고 실로 여호와의 집에 나아갔는데 아이가 어리더라

주제 나누기

부부가 함께 자녀 계획을 진지하게 나눈 적이 있나요? 돌아가면서 이야기해 봅시다.

말씀 묵상

1. 엘리는 어떤 사람이었나요?

2. 엘리의 아들은 누구이며, 그는 어떤 사람인가요?

3. 엘가나의 가정은 어떤 가정인가요? 자녀에 대한 관점으로 묵상해 보세요.

두 가정에 닥친 어려움
1. 엘리 가정 (삼상 2:13~17, 22)

2. 엘가나 가정 (삼상 1:4~7)

가정의 어려움 앞에서 두 가정의 모습
1. 엘리 가정
   - 사무엘상 2장 17, 29절

   - 사무엘상 2장 22~24절

- 사무엘상 2장 27~28절

- 사무엘상 3장 11~14절

2. 엘가나 가정
    - 사무엘상 1장 10~11, 15절

    - 사무엘상 1장 17~19절

    - 사무엘상 1장 27절, 2장 10, 18절

두 가정의 자녀들의 모습

1. 엘리 가정
    - 사무엘상 2장 32~34절

2. 엘가나 가정
    - 사무엘상 2장 26절

    - 사무엘상 7장

본문에서 얻은 느낌과 생각

1. 부모로서 가져야 할 마음과 행동은 무엇이라고 생각하나요?

2. 자녀에게 해 주어야 하는 것의 우선순위를 생각해 보고, 나누어 보세요.

3. 왜 사무엘의 자녀는 부패한 탐관오리가 되었을까요? (삼상 8:4~5)

우리 가정의 자녀 계획과 양육 계획

1. 자녀 계획(출산, 자녀 수)에 대해 생각을 나누어 보세요.

2. 자녀관 맞추기 DISC 진단 결과 분석을 통해 세운 부부의 자녀 양육 계획을 나누어 보세요.

 ## 성경적 재정 관리의 지혜

나눔을 위한 성경 읽기 과제

잠언 30장 7~9절

잠언 30장 7~9절

7 내가 두 가지 일을 주께 구하였사오니 내가 죽기 전에 내게 거절하지 마시옵소서
8 곧 헛된 것과 거짓말을 내게서 멀리 하옵시며 나를 가난하게도 마옵시고 부하게도 마옵시고 오직 필요한 양식으로 나를 먹이시옵소서
9 혹 내가 배불러서 하나님을 모른다 여호와가 누구냐 할까 하오며 혹 내가 가난하여 도둑질하고 내 하나님의 이름을 욕되게 할까 두려워함이니이다

주제 나누기

'돈'이란 행복과 어떤 관계인가요?
돈이 어느 정도 있어야 행복하다고 생각하나요?
돈과 관련하여 경험한 트라우마가 있나요? 있다면 어떤 영향으로 인해 생긴 트라우마인지, 그리고 그 트라우마가 현재 재정 관리 원칙에 어떻게 영향을 미치고 있는지 생각해 보세요.

말씀 묵상

1. 본문 말씀의 저자인 아굴은 어떤 사람인가요?

2. 우리도 재정에 대하여 기도할 때 아굴처럼 하고 있나요? 만약 그렇지 않은 부분이 있다면 어떻게 기도하고 있는지 나누어 보세요.

3. 우리 사회가 물질만능주의에 물들어 있는 현상을 경험한 적이 있다면 함께 이야기해 보세요.

여러분은 무엇을 기도하고 있습니까?

아굴처럼 기도하기 전에 우리에게 필요한 것이 무엇이며 하나님께 구할 것이 무엇인지 생각해 보세요. (잠 30:8)

행복을 위한 재정 관리를 위한 나눔

1. 가정의 현재 재정 관리를 점검해 볼 때 소유하는 데 쓰는 것과 경험을 위해 소비하는 것의 비중을 점검해 보세요.

2. 헌금과 십일조 생활에 대한 생각과 현재 상태를 나누어 보세요.

3. 부부가 재정을 함께 관리하고 있나요? 가정마다 재정 관리 방법을 나누어 보세요.

4. 어떤 경로이든 가정의 재정 중 일부를 'Flowing' 하고 있습니까? Flowing에 대한 부부의 생각을 나누어 보세요.

04 친밀한 성의 지혜

나눔을 위한 성경 읽기 과제
고린도전서 7장 3~6절, 아가 2장

고린도전서 7장 3~6절
3 남편은 그 아내에 대한 의무를 다하고 아내도 그 남편에게 그렇게 할지라
4 아내는 자기 몸을 주장하지 못하고 오직 그 남편이 하며 남편도 그와 같이 자기 몸을 주장하지 못하고 오직 그 아내가 하나니
5 서로 분방하지 말라 다만 기도할 틈을 얻기 위하여 합의상 얼마 동안은 하되 다시 합하라 이는 너희가 절제 못함으로 말미암아 사탄이 너희를 시험하지 못하게 하려 함이라
6 그러나 내가 이 말을 함은 허락이요 명령은 아니니라

주제 나누기

1. 부부간 성에 대한 나눔이 이전보다 자유로워졌나요? 참깨교실 과정 이후 변화된 것이 있다면 나누어 보세요.

2. 하나님께서 성을 주신 목적이 무엇이라고 생각하나요?

말씀 묵상

1. 성경에서 성을 잘못 사용하여 어려움을 당한 사건 중 기억나는 것이 있나요? 그 사건에 대해 어떻게 생각하는지 본인 생각을 나누어 보세요.

2. 고린도 교회 당시 분분했던 가족 문제와 음행에 대한 바울의 경고는 무엇인가요?

3. 성의 관점에서 우리 가정을 향할 수 있는 '작은 여우들'에는 어떤 것들이 있을까요?

4. 아가 2장 14절에 표현된 위험한 낭떠러지를 피해 있는 비둘기와 안전한 바위틈은 어떤 그림인지 상상하고 나누어 보세요.

생각 나누기

1. 남자와 여자의 성적 욕구의 특성에 대해 새롭게 깨달은 부분이 있다면 나누어 보세요.

2. 배우자는 내가 어떤 행동이나 말을 할 때 사랑받고 있다고 느끼는지에 대해 경험을 나누어 보세요.

3. 아래의 빈칸을 채워 보고 경험을 나누어 보세요.

　　성적 욕구와 기대 → ☐ → ☐ → 사랑의 결합

05 시가·처가 관계의 지혜

나눔을 위한 성경 읽기 과제
에베소서 5장 22~33절, 6장 1~2절

에베소서 5장 22~33절
22 아내들이여 자기 남편에게 복종하기를 주께 하듯 하라
23 이는 남편이 아내의 머리 됨이 그리스도께서 교회의 머리 됨과 같음이니 그가 바로 몸의 구주시니라
24 그러므로 교회가 그리스도에게 하듯 아내들도 범사에 자기 남편에게 복종할지니라
25 남편들아 아내 사랑하기를 그리스도께서 교회를 사랑하시고 그 교회를 위하여 자신을 주심 같이 하라
26 이는 곧 물로 씻어 말씀으로 깨끗하게 하사 거룩하게 하시고
27 자기 앞에 영광스러운 교회로 세우사 티나 주름 잡힌 것이나 이런 것들이 없이 거룩하고 흠이 없게 하려 하심이라
28 이와 같이 남편들도 자기 아내 사랑하기를 자기 자신과 같이 할지니 자기 아내를 사랑하는 자는 자기를 사랑하는 것이라
29 누구든지 언제나 자기 육체를 미워하지 않고 오직 양육하여 보호하기를 그리스도께서 교회에게 함과 같이 하나니
30 우리는 그 몸의 지체임이라
31 그러므로 사람이 부모를 떠나 그의 아내와 합하여 그 둘이 한 육체가 될지니
32 이 비밀이 크도다 나는 그리스도와 교회에 대하여 말하노라
33 그러나 너희도 각각 자기의 아내 사랑하기를 자신 같이 하고 아내도 자기 남편을 존경하라

에베소서 6장 1~2절
1 자녀들아 주 안에서 너희 부모에게 순종하라 이것이 옳으니라
2 네 아버지와 어머니를 공경하라 이것은 약속이 있는 첫 계명이니

주제 나누기

1. 내가 알고 있는 부모님은 어떤 분이신가요? 부모님은 나의 삶에 어떤 영향력을 끼쳤나요?

2. 배우자에게 처음 나의 부모님을 소개할 때 어떻게 소개했나요?

말씀 묵상

1. 그리스도를 경외함으로 피차 복종하라는 어떤 의미일까요? 나누어 보세요.

2. 남편과 아내가 서로 피차 복종하며 사랑하는 관계를 맺을 수 있는 근거는 무엇인가요?

3. 왜 그리스도와 교회에 대하여 말을 하면서 창세기 2장 24절을 인용했을까요?

부모를 떠난다는 것의 의미

1. 정서적 떠남을 위해 결정권을 가져와야 할 것이 있다면 어떤 것이 있나요?

2. 재정적 떠남을 고려할 때 현재 우리 부부에게 미치는 영향은 어떤 것이 있나요?

3. 우리 부부가 하나 됨을 위해 더욱 애써야 할 것은 무엇이라고 생각하나요? 떠오르는 것이 있다면 나누어 보세요.

부모를 공경하는 방법

1. 모세가 장인 이드로를 어떻게 공경하였나요? (출 18:13~27)

2. 부부가 함께 부모님을 공경하면서 갖게 되는 각자의 마음을 나누어 보세요.

에필로그

2012년은 참깨교실을 시작한 해입니다.

그리고 저희 부부가 결혼 21년 차가 되었던 해이기도 합니다. 두상달 장로님께서 쓰신 『아침키스가 연봉을 높인다』라는 책을 읽고 오륜교회 「그레이스 저널」에 독후감을 올렸었습니다. 그 글에는 우리 부부의 싸움이 적나라하게 담겨 있었습니다. 담임목사님께서는 그 글을 보시고 '이 부부에게 신혼부부 사역을 맡겨도 되겠다'라는 생각을 하셨다고 합니다. 싸움의 배후에는 '가정을 허무는 작은 여우'가 있었고, 그것을 깨닫게 되면서 결혼 생활의 원리를 성경 속에서 찾아가던 무렵입니다. 바로 그때, 우리의 애씀을 보신 하나님께서 귀한 사역을 맡겨 주셨습니다.

사역을 맡아서 운영하면서 참 많은 것을 깨달았습니다.

신혼의 시기에 성경 속에 담긴 원리를 교육하는 일이 얼마나 중요한 일인지를 경험했습니다. 말씀 속의 올바른 지식과 삶으로 살아 내려 애쓰는 인생 선배의 조언이 얼마나 유익한지 멘토들의 섬김을 보면서 깨달았습니다. 배우고 익히며 애써도 힘들 때 같은 주제로 고민하는 동료들의 삶을 공유하는 것이 얼마나 실질적인 변화로 이어지는지 체감했습니다.

참깨교실은 이렇게 성경적 교육과 멘토들의 섬김과 동료들의 공동체성을 통해서 성장하고 변화를 가져오고 있습니다.

교재를 집필하면서 다시금 저희 부부의 삶을 돌아보았습니다.

말씀 안에서 가정의 질서를 세우고 천국을 경험해 나갈 때 주께서 펼쳐 가시는 영향력은 우리가 생각한 것을 초월했습니다. 그럼에도 불구하고 말씀으로 깨어 있지 않으면 어김없이 '작은 여우'가 가정에 틈을 내곤 합니다. 그럴 때마다 참깨교실을 통과하고 우리를 바라보는 수많은 멘티 가정과 그들을 섬기며 애써 살아가는 멘토 가정이 우리 부부에게 거울이 되어서 우리를 살려 내곤 했습니다. 그래서 우리 부부는 참깨교실을 섬기면서 가장 큰 수혜를 입었다고 입버릇처럼 말하곤 합니다.

아무것도 갖추지 못한 저희 부부를 불러 가정 사역을 해 보라고 권면해 주셨던 김은호 목사님께서 서문을 써 주셨습니다. 가정 사역의 길로 들어설 수 있게 책으로 울림을 주셨던 두상달 장로님께서 추천사를 써 주셨습니다.

"이러므로 남자가 부모를 떠나 그의 아내와 합하여 둘이 한 몸을 이룰지로다"(창 2:24)

두 사람을 하나로 엮어 주신 하나님께서 이 책의 행간들을 모두 채워 주셨습니다. 얼마나 감사한지 말로 표현할 길이 없습니다.

하나님의 선한 계획이 전달되는 사역에 이 책이 귀하게 사용되기를 기도합니다.

참깨교실 팀장 김명진의 아내 조성희

참깨교실

초판 1쇄 인쇄 2023년 8월 17일
초판 1쇄 발행 2023년 8월 23일

지은이 김명진, 조성희
발행인 김은호
디자인 이명선

발행처 도서출판 꿈미
등록 제2014-000035호
주소 서울시 강동구 양재대로81길 39, 202호
전화 02-6413-4896
팩스 02-470-1397
홈페이지 www.coommi.org
쇼핑몰 www.coommimall.com

ISBN 979-11-983177-8-0 13230

* 책값은 뒤표지에 있습니다.
* 이 책은 도서출판 꿈미에서 만든 것으로 저작권법의 보호를 받으며 무단 전재 및 복제를 금합니다.
* 도서출판 꿈미는 가정과 교회가 연합하여 다음 세대를 일으키는 대안적 크리스천 교육 기관인 사단법인 꿈이 있는 미래의 사역을 돕기 위해 월간지와 교재, 각종 도서를 출간합니다.